I0173198
www.ingramcontent.com/pod-product-compliance
Lightning Source LLC
Chambersburg PA
CBHW032142040426
42449CB00005B/363
9798894830025

القداس الإلهي الأرثوذكسي
دعوة لرحلة إلى السماء

القداس الإلهي الأرثوذكسي
دعوة لرحلة إلى السماء

تأليف

الشماس فيكتور بشير

مراجعة وتقديم
نيافة الأنبا يوسف
مطران جنوبي الولايات المتحدة الأمريكية

THE PARTHENOS PRESS

القداس الإلهي الأرثوذكسي: دعوة لرحلة إلى السماء

تأليف الشماس فيكتور بشير

طبعة ثانية مزيدة ٢٠٢٤

قامت بترجمة الطبعة الأولى الأستاذة هدى شوقي

التصميم والنشر:
مطبعة دير السيدة العذراء مريم والقديس موسى الأسود
ولاية تكساس
theparthenospress.com

طبع في الولايات المتحدة الأمريكية

كل مراجع الإنجيل مأخوذة من ترجمة فان دايك.

الفهرس

الشكر واجب

الشكر والمجد للمخلص الصالح الرب يسوع المسيح الذي بدونه لا أعرف أن أسطر سطراً واحداً. فلذلك كل ما هو جيد في هذا الكتاب هو منه. وكل ما هو ناقص هو مني.

لقد كتبت هذا الكتاب، بنعمة الله، بالإنجليزية في عام ٢٠٠٦ وقام نيافة الحبر الجليل الأنبا يوسف، حينذاك أسقف جنوبي الولايات المتحدة الأمريكية، بمراجعة الكتاب وكتابة مقدمة الكتاب. لنيافته جزيل الشكر لمحبته وتعبه وتشجيعه المستمر لي.

وقامت الأستاذة هدى شوقي خليل بترجمة الكتاب إلى اللغة العربية في نفس العام. جزيل الشكر لتطوعها بترجمة الكتاب ولمجهودها وتعبها في الترجمة. الرب يكافئها.

والآن، وبعد مرور سبعة عشر عاماً عدت إلى هذا الكتاب، وأحسست بالحاجة لأن أضيف إليه الكثير. وعندما بدأت الكتابة باللغة

العربيـة، مكثـت شـهوراً أكتـب، فأضفـت فصـولاً جديـدة، وشـروحات جديـدة، وتفسـيرات، وأقـوال آبـاء قديسـين، وإجابـات علـى تسـاؤلات روحيـة كثيـرة.

أشـكر الدكتـور جمـال جـورج والباشـمهندس كيرلـس صبـري وكل مـن سـاعدوني بقـراءة الكتـاب قبـل نشـره وإبدائهـم ملاحظاتهـم. كذلـك كل مـن سـاعدوني بصلواتهـم مـن أجلـي.

ثـم قـام نيافـة المطـران الأنبـا يوسـف بمراجعـة هـذه الطبعـة الثانيـة للكتـاب علـى الرغـم مـن مشـاغله الكثيـرة وأعبـاء خدمـة المطرانيـة. كل الشـكر مـن كل القلـب لنيافتـه علـى محبتـه الكبيـرة وتعبـه.

شـكراً للآبـاء الرهبـان الذيـن يعملـون فـي مطبعـة ديـر السـيدة العـذراء والقديـس موسـى فـي ولايـة تكسـاس لمحبتهـم ولتعبهـم فـي طباعـة هـذا الكتـاب. الـرب يكافئهـم.

تقديم

القداس الإلهي هو أعظم حدث من الممكن أن نختبره في حياتنا. في القداس الإلهي معنا الرب يسوع جسدياً على المذبح. في القداس الإلهي يتحقق المعنى الحقيقي لمعنى عمانوئيل (الله معنا).

ما هي السماء؟ هي عرش الله. وما هي الحياة الأبدية؟ هي أن نكون مع الله دائماً. والقداس الإلهي هو رحلة إلى السماء حيث عرش الله. أنه لحظات من الحياة الأبدية نعيشها على الأرض «إذا ما وقفنا في هيكلك المقدس نحسب كالقيام في السماء» (من صلاة الساعة الثالثة في الأجبية).

في هذا الكتاب، يأخذكم الشماس المبارك فيكتور بشير في رحلة إلى السماء، موضحاً كيف نُعدّ أنفسنا لهذه الرحلة بطريقة بسيطة جدا وعملية. للإستفادة من هذا الكتاب تحتاج ليس لقراءته فقط، ولكن لتطبيق التداريب الروحيه المكتوبة فيه.

نتمنى أن يستخدم الرب هذا الكتاب للنمو الروحي للقارئ. وأن يمنحنا فهم أفضل للسر المجيد الذي للقداس الإلهي. فليبارك ويكافئ الرب المؤلف بالبركات السماوية بشفاعة القديسة مريم، والدة الاله، وبصلوات القديسين، وصلوات أبينا المحبوب البابا تاوضروس الثاني. والمجد لله إلى الأبد، أمين.

الأنبا يوسف
مطران جنوبي الولايات الأمريكية

المقدمة

«عندمـا تـرى الـرب موضوعـاً على المذبـح،
وكل المصلـين قـد شربـوا الـدم الثمـين، هـل
تـستطيع أن تقـول إنـك لا تـزال بين النـاس؟
ألـست قـد عبرت مبـاشرة إلى الـسماء؟»[1]
القديس يوحنا ذهبي الفم

أدعوك فـي هـذا الكتـاب إلى أكثـر خبـرة مفرحـة
تمـر بهـا فـي الحيـاة. في الصفحـات التاليـة سوف
تتعـرف على خبـرة مبهجـة تفـوق أي فـرح وسعـادة
عشـتها فـي أي وقت مضـى. بعـد أن أصفهـا لـك،
حـاول أن تختبرهـا، إنهـا مجانيـة. وعندمـا تسـتمتع
بهـا مـرة واحـدة، سـتعود إليهـا مـرة ثانيـة وثالثـة،
لأنـك سـتجد فيهـا مـا كانـت تشـتاق إليـه نفسـك
لسـنوات كثيـرة. في هذه الخبـرة سوف تجد ضالتـك
المنشـودة، وتصـل إلى سلام مـع نفسـك لـم تختبـره
مـن قبـل. بالإضافـة إلى ذلـك، فأنـت مدعـو.

---

1   St. John Chrysostom, *Epistles to the Ephesians*:
Homily 3.

أدعوك إلى رحلة. فتعال معنا ودعنا نستكشف ما هو لك في أروع رحلة في حياتك. ستكون الأجمل من أي رحلة ذهبت إليها في حياتك.

يحاول العالم خلق فردوس على الأرض، ويطلب منك أن تزوره، ولكن ماذا عن زيارة الفردوس الحقيقي، وليس تقليد زائف للفردوس؟

هل حلمت بزيارة السماء؟ السماء حيث الجمال الحقيقي، والفرح الأبدي، والملائكة المسبحين، والقديسين المنيرين الذين نسمع عنهم، وقبل كل شيء حيث يوجد حبيبنا العزيز الحلو الرب يسوع المسيح.

كم عدد المرات التي اكتشفت فيها أنك حاولت أن تجد الفرح في وسائل الترفيه العالمي، ولم تحصل على ما تريد، وتركته وأنت ربما أكثر إكتئاباً! ثم بعد أن حاولت مرات عديدة، شعرت بخيبة أمل لأنك لم تجد ما تبحث عنه. صديقي، لا تندهش من هذه التجربة الشخصية لأنه في الواقع هذه حقيقة الترفيه العالمي، لن يكون قادرًا على إعطاء قلبك ما يشتاق إليه. أنك لن تجد فيه مياه

حقيقية تروي النفس.

صديقي، هل أنت متعب من الوعود الكاذبة لوسائل الترفيه والتسلية في هذا العالم وتتطلع لفرح حقيقي دائم وسلام يملأ القلب؟ دعني أخبرك عن مصدر فرح حقيقي، يروي النفس العطشانة للفرح والسلام. الطريق لهذا الفرح هو رحلة... تبدأ هذه الرحلة في القداس الإلهي للكنيسة القبطية الأرثوذكسية.

قد تكون مندهشاً لسماع ذلك، ولكن إسمح لي أن أشاركك قصة قديمة من شأنها أن توضح لك هذه الحقيقة:

عندما خلق الله آدم وحواء، حدد لهم جنة عدن كمسكن لهم، فردوس يعيشوا فيه في الفرح الدائم، فهذه هي رغبة الله لبني البشر أن يعيشوا في الجنة، حيث إنها ممتلئة بالسعادة والفرح الأبدي. لكن الإنسان في ضعفه أخطأ ضد الله وطُرد من الجنة. لذلك تجسد الرب يسوع المسيح ليعيدنا لمسكننا في الفردوس.

الرب يسوع المسيح أقام القداس الإلهي خلال العشاء الأخير ليتركه لنا كنافذة إلى السماء، وكنقطة انطلاق لكل من يرغب في زيارة السماء.

وهذا هو بالضبط ما حاول القديس يوحنا ذهبي الفم شرحه عندما قال: «إذ نقترب من الله في القداس نصير في السماء، وأصير أنا نفسي سماء.»[٢]

وبدلاً من الحديث عن الرحلة، ما رأيك أن نتحدث عن بعض الخطوات العملية كي نستعد للرحلة إلى السماء؟ نعم، صدقوني، أنا أعنيها، رحلة الى السماء. إذا اتبعت الإرشادات في هذا الكتاب سوف تقوم بزيارة السماء، ليس مرة واحدة فقط، ولكن مرات عديدة والتي سوف تتركك مع خبرات سماوية مليئة بالفرح الأبدي الذي لن ينسى أبداً.

الشماس فيكتور بشير

٢. القديس يوحنا ذهبي الفم ، تفسير الرسالة الى العبرانيين ، عظة ١٦:٧

الفصل الأول

الإستعداد للرحلة

الآن قبل أن نبدأ الرحلة، نحتاج أن نتوقف لنسأل أنفسنا سؤالاً هاماً: كيف يمكننا أن نستعد للرحلة إلى السماء؟

ذات مرة، بينما كنت في زيارة لمدينة أورلاندو، فلوريدا، توقفت أمام متجر، حيث رأيت طابوراً طويلاً من الناس منتظرين الدخول بشغف.

سألتُ أحدهم: ماذا بالداخل؟ الإجابة كانت: صور ثلاثية الأبعاد. ترى فيها صورة الشخص والأشجار وكل ما حوله مجسماً أمامك.

انتظرتُ حتى رأيتُ شخصاً خرج للتو من المتجر وسألته عما رأى. قال: شيء رائع. لقد رأيتُ أعظم الصور. وتمتعتُ بسلام لم أشعر به من قبل في حياتي.

هذا رائع، أنا قلتُ، لكن، ماذا فعلتَ؟

أجاب: طلبوا مني الجلوس على كرسي فاخر ومريح لمدة عشر دقائق في غرفة هادئة فيها ضوء خافت وموسيقى جميلة هادئة تساعد على الإسترخاء، وطلبوا مني أن أغمض عيني وأحاول أن أتذكر تجارب ممتعة مررتُ بها في حياتي. وقالوا لي إنك تحتاج إلى الإسترخاء التام لتستطيع أن تستمتع بمشاهدة الصور الرائعة المجسمة ذات الأبعاد الثلاثية.

ما وصفه هذا الشخص هو إعداد. فلكي تستمتع بمشاهدة جمال الصور ذات الأبعاد الثلاثية، عليك إعداد عقلك وروحك أيضاً. فإذا رفضتَ الإستعدادات، أو قاومت التعليمات، لن تستمتع بلذة المشاهدة.

بالمثل، للوصول إلى بداية الرحلة السماوية، تحتاج أن تعد نفسك أيضاً. بدون هذا الإستعداد لن تستمتع بحلاوة السماء؛ ومرة أخرى أنا أعنيها عندما أقول حلاوة السماء. في هذا الفصل سوف أخبرك بمعرفة ما يمكن القيام به لإعداد نفسك للرحلة السماوية.

سوف تنضم لرحلة إلى السماء من خلال القداس الإلهي. وهذا يعني أننا سنذهب

لنستعد لحضور القداس الإلهي. قد تندهش لما ذكرته عن رحلة إلى السماء وتعتقد أنني لست واقعياً. لكن، ما سأكشفه لك قد اختبره عدد كبير من الناس مثلك. في الواقع ملايين الناس على مر القرون زاروا السماء وأحبوها، ووجدوا فيها كل ما تحتاجه نفوسهم فيها من سلام وفرح وراحة. لذلك لا تتردد ولا تتوقف عن القراءة، فتعالى وتحقق ذلك بنفسك.

الليلة التي تسبق القداس الإلهي

ينبغي أن تبدأ الإستعدادات حتى قبل أن يبدأ القداس الإلهي!

قد تسأل لماذا؟ الإجابة بسيطة جداً. هل في أي وقت مضى أعددتَ لرحلة في نفس اليوم؟ هل تتمكن من حجز لأتوبيس ولفندق ودعوة الناس والحصول على خرائط كل هذا في نفس اليوم من الرحلة؟ بالطبع لا.

بالمثل، الرحلة إلى السماء تحتاج إعداد، ويبدأ هذا الإعداد من الليلة التي تسبق القداس الإلهي؟ لكن، كيف؟

تحتاج لقضاء الليلة التي تسبق القداس

الإلهي في جو هادئ، بعيداً عن الموسيقى الصاخبة، الأفلام المثيرة، أو قضاء الساعات الطويلة في مشاهدة التليفزيون أو وسائل التواصل الإجتماعي. فلكي ترى عدداً قليلا من الصور ثلاثية الأبعاد؛ يلزمك الجلوس مسترخياً في مكان هادئ وتحضير عقلي لمدة عشر دقائق. لرؤية السماء، سوف تحتاج لمزيد من الهدوء والوقت.

قد تقاطعني، متسائلاً: ما يجب القيام به وقت الهدوء؟

هناك عدد قليل من الأشياء يمكنك القيام بها مثل: في البداية، أقول ستكون بداية جيدة ليس فقط لحضور القداس الإلهي، ولكن أيضا للتناول من الأسرار المقدسة (التناول من الجسد المقدس والدم الكريم لربنا يسوع المسيح)، مما يعني أنك ستأخذ المسيح. وبالتالي تحتاج إلى إعداد نفسك لهذه العطية الإلهية عن طريق أسئلة بسيطة لنفسك، مثل:

هل ارتكبت أي خطايا في حياتي وأنني بحاجة إلى الاعتراف أمام الله والتوبة؟ وهل يوجد من هو بلا خطيئة؟ كلنا خطاة وكلنا بحاجة إلى مغفرته. دعونا نقترب إلى الله

بتواضع مع المشاعر الصادقة للتوبة أثناء الليلة السابقة للقداس الإلهي. الخطايا هي بمثابة عبء ثقيل على كتفيك، تقيد حركتك نحو الله، وتحتاج أن تزيلها عن كتفيك قبل أن تتمكن من السير بحرية نحو الله وسمائه.

هل إعترفتُ بخطاياي؟ الخطوة الأولى للإعتراف هي الإعتراف والتوبة أمام الله، ثم الخطوة الثانية هي الإعتراف أمام الله في حضور خادم أسراره، الكاهن، لأن الله أعطاه سلطانِ الحلِ. استمع إلى ما يقوله الرب: كُلُّ مَا تُحَلُّونَهُ عَلَى الأَرْضِ يَكُونُ مَحْلُولاً فِي السَّمَاءِ (متى ١٨: ١٨). الإعتراف بخطاياك وسماع كلمات الكاهن، «الله يحالك» من خطاياك، يؤكد لك مغفرة الله لخطاياك.

في الواقع عليك الترتيب للإعتراف قبل هذه الليلة وتحتفظ بالليلة التي تسبق القداس الإلهي للخلوة مع الله.

كما قال القديس كبريانوس أسقف قرطاجنة الذي أستشهد في سنة ٢٥٠ ميلادية: «أتوسل إليكم أيها الأخوة الأحباء أن كل واحد يعترف بخطاياه ما زال موجوداً في هذا العالم، حيث يمكنه الإعتراف بخطاياه وقبول الغفران بواسطة

الكاهن.»[٣]

هل أنا أواجه معركة روحية قوية مع واحدة من الخطايا أو الرغبات الخاطئة؟ أو أن إغراءات الخطية والرغبات تقودني بعيداً عن الله! إذاً هذه الليلة هي ليلة الصراع مع الله في صلاة حارة أطلب قوته ليحررني من هذه الخطايا أو الرغبات.

هل لدي رغبة صادقة لأتبع الرب يسوع المسيح، لكن الشيطان يتبعني ويرجعني إليه في كل مرة أقرر فيها السير مع الله؟ إذاً الليلة هي الوقت الذي تفتح قلبك لله وتخبره عن مشاعرك ورغبتك الصادقة لتتبعه.

هل فكرت أنني فشلت في حياتي الروحية؟ هل شعرت بالتعب من نفسي، شعور سحقني. شعوري بالفشل قادني أكثر للبعد عن الله؟ إذا كان الأمر كذلك، أشكو نفسي إلى الله وأطلب منه أن يحررنني من قيادة نفسي وأدعوه ليقود حياتي.

الأمر الثاني الذي عليك القيام به في الليلة التي تسبق القداس الإلهي هو الصلاة

3. Cyprian *Treatise III* 29. In *Ante-Nicene Fathers* 5, P. Schaff, ed. (Peabody, MA: Hendrickson Publishers, 2012).

عندما تسمع كلمة «الصلاة»، أنا أعرف أنك قد تقول لي في أذني هذا السر: «صلاتي دائماً ضعيفة ولا تتعدى سقف غرفتي؟ أنا لا أشعر بأي شيء عندما أصلي. أشعر كما لو إني أتكلم مع نفسي. أو إنى أتكلم في الهواء.»

نعم، يا صديقي، أنا أعرف ذلك. وأعرف شعورك عندما يحدث هذا. هنا سأخبرك ببعض النصائح، اتبع ما سأقوله لك وأنت ستتلذذ بعمق الصلاة.

لتصلي صلاة عميقة للرب، أنت تحتاج إلى:

- ✣ مكان هادئ مع ضوء خافت.
- ✣ الركوع أو الوقوف بأذرع مفتوحة وعيون مغلقة .
- ✣ الثقة أن الله في كل مكان وهو يستمع لك. هو يهتم بأمرك لأنه الأب الحنون.

الآن، ماذا يمكنك أن تفعل؟ إطرح كل ما بذهنك أمام الله. إفتح قلبك. وتكلم من أعماق قلبك وقل له عن إحتياجاتك، مشاكلك، صراعاتك، وصعودك وهبوطك في حياتك الروحية. في كلمة واحدة أخبره عن

كل شيء يتعبك. لا تمنع نفسك من البكاء، إذا حدث. لا تخفي أي شيء عن الله. لأنه يعلم عن كل شيء في حياتك. فالإخفاء لن يجدي. الكشف عما بداخلك هو الخطوة الأولى للشفاء من الخطيئة.

ماذا عن بعض المشاعر؟

قد تسألني، «ماذا تعني؟»

دعني أجاوب على سؤالك ببعض الأسئلة:

هل إفتقدت الله في حياتك؟

هل قلبك له إشتياق إلى الله منذ فترة طويلة؟ هل تحن لأن يكون لك حياة وعلاقة وعشرة قوية مع الله؟ إذا كان الأمر كذلك، فلماذا لا تجعل الليلة التي تسبق القداس الإلهي ليلة تخبر فيها الله عن حبك له. لتكن هذه الليلة هي الليلة التي يمكنك التعبير فيها عن كل مشاعرك تجاه إلهك الحبيب.

هل أنت غاضب من الله؟

قد تكون غاضباً من الله بسبب بعض الأحداث التي حدثت في حياتك وأثرت عليك منذ أن

حدثت. ربما أنت غاضب منه لأنك تعتقد أنه كان ينبغي عليه أن يتدخل ويمنع تلك الأحداث من الحدوث، أو إيجاد طريقة أفضل لك. وربما أنت غاضب من الله لأنه لم يساعدك في إمتحان أو عمل أو مشروع. وربما أنت غاضب من الله لسبب آخر.

لديك هذا الغضب في حياتك لفترة طويلة، وهذا يزعجك لأنه يعكر صفو قلبك ويفقدك سلامك الداخلي. هذه الليلة هي الليلة التي تصارحه عما في قلبك من غضب، وتسأله أن يساعدك على تهدئة هذا الغضب ويعطيك السلام المفقود.

هل هُزِمت من قبل ببعض الخطايا أو الرغبات الخاطئة؟

بعض الناس لديهم قلب ينزف بسبب خطيئة، أو علاقة خاطئة في حياتهم تمكنت منهم وسادت على حياتهم وحولتها إلى جحيم. نعم، هناك لحظات من المتعة في الخطيئة، لكن بعدها وعندما تكون وحيداً يصرخ صوت داخلك مثل الرعد. أنا أعرف أناس يبكون عندما يذهبون لفراشهم، على الرغم من أنهم يبدوا سعداء

للآخرين. هـل أنـت واحـد مـن هـؤلاء النـاس؟

آخـرون، بعـد أن يفشـلوا فـي مواجهـة أحاسيس الذنـب، يلجـأون إلى إسكـات صـوت الضميـر داخلهـم عـن طريـق إعطـاء أنفسـهم الأعـذار. ولكـن عليهـم أن يعرفـوا أن كل الأعـذار لـن تُقْبَل أمـام اللـه فـي اليـوم الأخيـر. واللـه سوف يحكـم علينـا على أسـاس كلمتـه فـي الكتـاب المقـدس، وليـس حسـب معاييرنـا الخاصـة بنـا، أو التـي يقولهـا لنـا أصدقاؤنـا، أو معاييـر ومقاييـس العالـم وطرقـه.

لكـن لـدي أخبـار سـارة! يمكنـك التخلـص مـن كل عاداتـك الشـريرة وعلاقاتـك الخاطئـة. ستنتصـر على الخطيئـة التـي إستعبدتـك لوقـت طويـل.

كيف؟

أولاً: تحتـاج لأن تعـرف أن المسـيح وحده هـو القـادر أن يخلصـك مـن خطايـاك ويسـاعدك على التخلـص مـن العلاقـات الخاطئـة. ويسـتطيع أن يزيـل منـك أحاسيـس الغضـب، أو الحـزن، أو الضيـق، أو الشـعور بالذنـب.

ثانيـاً: تَغَلَّب على الأفكـار التـي تقـول لـك أن المسـيح لـن يقبلـك بسبب خطايـاك. لأنـه وعـد،

وهو صادق في وعوده. لقد قال: مَنْ يُقْبِلْ إِلَيَّ لاَ أُخْرِجْهُ خَارِجاً (يوحنا ٦: ٣٧).

ثالثاً: إقرأ هذه الدعوة المفرحة من الله: هَلُمَّ نَتَحَاجَجْ، يَقُولُ الرَّبُّ. إِنْ كَانَتْ خَطَايَاكُمْ كَالْقِرْمِزِ تَبْيَضُّ كَالثَّلْجِ. إِنْ كَانَتْ حَمْرَاءَ كَالدُّودِيِّ تَصِيرُ كَالصُّوفِ (أشعياء ١:١٨). هذه الآية فيها دعوة من الله لكل إنسان لأن يتحدث مع الله. وهو يقدم وعده بأن يزيل هذه الخطايا، كما وعد في آية أخرى: أَنَا أَنَا هُوَ الْمَاحِي ذُنُوبَكَ لأَجْلِ نَفْسِي، وَخَطَايَاكَ لاَ أَذْكُرُهَا (أشعياء ٤٣:٢٥).

رابعاً: يوجد وعد إلهي بالغفران حينما نتوب: فَتُوبُوا وَارْجِعُوا لِتُمْحَى خَطَايَاكُمْ (أعمال ٣:١٩).

خامساً: أنا أعرف شخصاً جميعنا نثق فيه يقول: تَعَالَوْا إِلَيَّ يَا جَمِيعَ الْمُتْعَبِينَ وَالثَّقِيلِي الأَحْمَالِ، وَأَنَا أُرِيحُكُمْ (متى ١١:٢٨).

على مدار التاريخ، شهد الملايين كيف أن الله يقودهم إلى النصر. استمع إلى واحد منهم وهو يسجل لنا خبرته: لكِنْ شُكْرًا للهِ الَّذِي يَقُودُنَا فِي مَوْكِبِ نُصْرَتِهِ فِي الْمَسِيحِ كُلَّ حِينٍ (٢ كورنثوس ٢:١٤).

مرة أخرى استمع إلى تلك الكلمات التي تعبر عما يفعله ربنا الحبيب لنا: وَلكِنَّنَا فِي هذِهِ جَمِيعِهَا يَعْظُمُ انْتِصَارُنَا بِالَّذِي أَحَبَّنَا (رومية ٨: ٣٧).

لذلك، ما الذي يمكننا القيام به حيال خطاياي المسيطرة عليَّ؟ أتي إليه بكل تواضع وأسأله بحرارة ليغفر خطاياي وينصرني على عاداتي الخاطئة. أسأله بكل القلب ليحررني. أتوسل إليه ليعطيني القوة والنعمة لأتسلط على الخطيئة والشيطان.

وبمجرد أن تفعل ذلك، إذهب وإعترف بخطاياك أمام الكاهن. ثم تناول من جسد الرب ودمه لكي تنال قوة، كما يؤكد القديس كيرلس الكبير أن: «المائدة المقدسة، جسد المسيح، تجعلنا أقوياء ضد الأهواء وضد الشياطين، لأن الشياطين تخاف من الذين يتناولون الأسرار بوقار وتقوى.»[٤]

دعني أقترح عليك بعض ما تحتاجه لهذه الليلة:

١- كتابك المقدس: إقرأ إصحاح من

٤. القديس كيرلس الإسكندري، مؤلفاته وتعاليمه اللاهوتية، ترجمة دكتور موريس تواضروس. (القاهرة: مؤسسة القديس أنطونيوس، مركز دراسات الآباء، ١٩٩٤)، ٨٧

الكتـاب المقـدس للإسـتماع إلى صـوت اللـه. دعني أقترح قراءة مثل الإبـن الضـال فـي إنجيـل لوقـا الأصحـاح ١٥.

٢- الترانيـم الروحيـة أو الألحان: رتـل بعـض الترانيـم الروحيـة أو الألحان التـي تمـس قلبك وتقربـك إلى اللـه.

٣- صلواتك: صلي بعضاً مـن صلوات السـواعي التي فـي كتـاب الأجبيـة، خاصـة صلاة الغـروب، وقطـع صلـوات النـوم ونصـف الليـل. لأن هذه القطع ستسـاعدك لأن تصلـى صلاة قلبيـة حـارة. وأيضـا صلي بعـض الصلوات الإرتجاليـة التـي تعبـر عـن كل مشـاعرك نحـو اللـه: الحـب، الشـوق، الأمنيـات ... إلـخ.

٤- القراءات الروحيـة: إقرأ بعـض الكتـب الروحيـة خصوصاً تلـك التـي عـن القديسـين التائبين.

أنـا لا أقـول أنـه عليـك أن تفعـل كل هـذه الأربعـة أشياء، ولكنـى حاولـت أن أذكر لـك الوسـائل التـي تحـرك قلبـك نحـو الصـلاة. فـإذا تبعـت إحداهـا وشعرت أنهـا قربتـك إلى اللـه، فأنـت وصلـت إلى هدفـك.

وكلما شعرت أنك بحاجة إلى التحدث معه، ضع كل شيء جانباً، بما في ذلك هذا الكتاب، وإبدأ في الصلاة بعمق وحاول الإستمرار في البقاء في حضوره بأكبر وقت ممكن. دع الوقت يمر بسهولة دون أن تقطع صلاتك. تمتع بتلك اللحظات الذهبية معه. تجاهل تلك الأفكار التي تحاول أن تأخذك بعيداً؛ إنها تطرح بعض الأشياء التي تحتاج إلى الإنتهاء منها أو مواضيع تحتاج إلى التفكير فيها.

صديقي العزيز، إذا إتبعت التعليمات البسيطة التي ذكرتها حتى الآن سوف تعد نفسك للرحلة إلىٍ السماء. دعني أذكرك بملاحظة مهمة جداً:

الله مهتم بك. إنه يحبك أكثر مما تعتقد. فقط تذكر أنه مات من أجلك. إنه ينتظرك بفارغ الصبر، ويشتاق إليك أكثر مما تشتاق أنت إليه. إنه يِريدِ أن يغفر خطاياك. إِسمع ما يقولَه الله: أَنَا أَنَا هُوَ الْمَاحِي ذُنُوبَكَ لأَجْلِ نَفْسِي، وَخَطَايَاكَ لاَ أَذْكُرُهَا (أشعياء ٤٣: ٢٥).

بل ونعمته تنتظرك لتبدأ الخطوة الأولى في رحلتك اليه لتساعدك في كل خطوة على طول الطريق. لذلك عليك إتخاذ الخطوة الأولى،

وسوف تصاحبك نعمته طوال الطريق.

كلمات قليلة للمتقدمين روحياً

دعوني أختم هذا الفصل ببضع كلمات لأولئك المتقدمين في محبتهم لله؛ بالطبع سوف لا أنساهم. غداً سوف تتحد بالمسيح بتناولك من أسراره. فكر فيما تشعر به العروس وتفكر فيه في الليلة التي تسبق الزفاف. بالتأكيد، ستكون سعيدة جداً لأن الغد هو اليوم الذي كانت تنتظره بفارغ الصبر. في الغد سوف تتحد مع عريسها، وسوف تكون معه في كل وقت وتتمتع به وبحبه بدون عوائق.

صديقي، في الغد أنت كذلك سوف تتحد بعريسك السماوي

كم أنت مشتاق لأن تتحد به!

يا لها من ليلة مبهجة عندما تفكر في الغد، عندما تحتضن الله في قلبك، وتفتح فمك لتتقبل جسده ودمه.

فكر كيف ستستقبله في تلك اللحظات المهيبة والمفرحة.

أشكره على حبه العظيم لأنه سوف يأتي

إليك ليكون فيك، وأنت تكون فيه.

تأمل في الصليب حيث تجلى حبه لك. نفس ذبيحة الصليب ستكون متاحة لك غداً على المذبح.

الفصل الثاني

أسرار الصلاة الفعالة

الصلاة هي فتح باب الفرح والنعمة والشبع الروحاني. ولكن كيف تتذوق هذه الصلاة؟ توجد أسرار لهذه الصلاة. تعال معي في هذا الفصل لنتعرف على هذه الأسرار

الى أين تذهب لتعثر على أسرار الصلاة الفعالة؟

أبدأ هذا الفصل بهذا السؤال: إلى أين تذهب لتعثر على أسرار الصلاة الفعالة؟ لأن كثيرين يشعرون أن صلواتهم ضعيفة ويتوقون لأن يدخلوا إلى عمق الصلاة ويعيشوا حلاوتها، ولكنهم لا يعرفون كيف يَصِلوا إلى مثل هذه الصلاة وأين يجدوا الدليل إليها.

بعض القراء سيسرعون في الإجابة ويقولون: «بالطبع، بالبحث في الكتاب المقدس، دليل

حياتنا الروحية.»

إجابة رائعة، ثم نسأل، «أين في الكتاب المقدس؟»

وأنا لن أَجد أفضل من المعلم الرب يسوع المسيح نفسه لَلإجابة على هذا السؤال. اسمع ما يقوله عندما يتحدث عن العبادة، والتي تتضمن الصلاة:

من فضلك إفتح الكتاب المقدس، إنجيل يوحنا ٤:٢٤ حيث تقرأ: اَللهُ رُوحٌ. وَالَّذِينَ يَسْجُدُونَ لَهُ فَبِالرُّوحِ وَالْحَقِّ يَنْبَغِي أَنْ يَسْجُدُوا.

إذن ما هو سر العبادة السماوية؟

الرب يكشف السر عندما يقول: «العبادة بالروح والحق.» لذلك، لتتمتع بالصلوات السماوية، تحتاج أن تصلي بالروح والحق.

لكن، ماذا يعني بالصلاة بالروح؟ لنجيب على هذا السؤال، نحن بحاجة إلى فهم شيء عن الطبيعة الإنسانية.

الطبيعة الإنسانية

لدينا ثلاث مكونات في طبيعتنا الإنسانية:

الأولى هي الجسد، وهي التي نواجه العالم بها، ومن خلالها نتواصل مع الآخرين بإستخدام الحواس الخمس: السمع والنظر والشم واللمس والتذوق (هذه هي النوافذ على العالم).

الثانية هي النفس، حيث يتم تخزين كل ما يعبر عن نفوسنا. فيها يحتفظ الإنسان بما يحب، وبما يكره، وبكل العواطف والمشاعر والمخاوف. هنا يمكنك الإحتفاظ بما يعجبك أو ما لا يعجبك؛ ما تحبه؛ وما تحسده؛ وكل رغباتك الدفينة... إلخ.

الثالثة هي الروح، وهي أعمق جزء داخلك حيث تعيش روحك، التي هي النفخة الإلهية التي تميز بها الإنسان عن الحيوان والنبات.

كل إتصالاتنا وعلاقاتنا وتعاملاتنا مع الآخرين ومع العالم تبدأ مع الجسد، بعضها يتوقف عند الجسد. ولكن بعضها عميق ويستطيع أن يتجاوز الجسد ليدخل إلى النفس فيتلامس مع نفوسنا، مع مشاعرنا، وإحساساتنا، ورغباتنا، ومخاوفنا. وعدد قليل جداً قد يذهب من النفس ليطرق أخيراً على باب الروح.

ولكي يتضح المفهوم أكثر دعني أقدم لكم مثالاً سهلاً عندما تستمع إلى ترنيمة للمرة

الأولى، عادةً أنت تستمع، وربما لا تولي إهتماماً كبيراً للكلمات أو النغمة. في هذه المرحلة الترنيمة توقفت عند الأذن.

ولكن عندما تستمع إلى نفس الترنيمة للمرة الثانية تبدأ الإهتمام بالكلمات. وبعد عدة مرات من سماع نفس الترنيمة تشعر بأن الكلمات بدأت تجذبك، والنغمة بدأت تتلامس مع نفسك. فيما بعد كلما تسمع هذه الترنيمة مرة أخرى، تَخَلَّق مشاعر داخلك، ثم تبدأ في هز مشاعرك بالفرح أو الشجن. وهذه هي المرحلة الثانية؛ فلقد إستطاعت الترنيمة أن تجد لها طريقاً إلى داخل نفسك.

عندما نحلل ما حدث، نجد أن الترنيمة المؤثرة بدأت تعرف طريقها إليك عن طريق الأذن التي إستمعت إليها، أي عن طريق الجسد. ثم من الجسد زحفت قليلاً قليلاً إلى النفس فولدت فيها العواطف، فعندما تستمع إليها تجعلك سعيداً أو حزيناً، أو ربما تملأ عينيك بالدموع.

وبعد ذلك، الإستماع إلى نفس الترنيمة يمكن أن تأخذك إلى عالم بعيد حيث يمكنك البقاء هناك كما لو كنت قد نسيت الناس تماماً وكل شيء حولك. في هذه الحالة تكون

هـذه الترنيمـة قـد وصلـت إلـى الـروح. الترنيمـة قـد جعلـت قلبـك يصلـى صلاة عميقـة، تشعـر فيهـا أن كل كيانـك إتجـه إلـى اللـه.

منـذ زمـن طويـل، أصدقائـي وأنـا كلمـا أردنـا إعطـاء هدية عيد ميـلاد جيـدة لصديـق نحبـه، كنـا نعدهـا لـه بطريقـة خاصـة. نعطـي هـذا الصديـق صندوقـاً صغيـراً مـن الكرتـون مزينـاً بـأوراق زينـة جميلـة. يفتـح الصديـق الصنـدوق ليعثـر علـى الهديـة، لكـن لدهشتـه يجـد بـدلاً منهـا صندوقـاً أخـر داخـل الصنـدوق الأول. يبتسـم، ويبـدأ فـي فتـح الصنـدوق الجديـد ليحصـل علـى الهديـة، ولكنـه مـرة أخـرى لا يجـد الهديـة، ولكنـه يجـد صندوقـاً ثالثـاً داخـل الصنـدوق الثانـي! وأخيـراً، عندمـا يفتـح الصنـدوق الثالـث يجـد هديـة رائعـة. فيقـول: « يـاه، أستغرق منـي الأمـر بعـض الوقـت للمـرور مـن الصنـدوق الأول إلـى الثانـي ثـم أخيـراً إلـى الصنـدوق الثالـث. ومـع ذلـك الأمـر يسـتحق لأن الهديـة جميلـة. شـكراً. »

وبالمثـل للوصـول إلـى الـصلاة التـي بالـروح، لنتلامـس مـع اللـه، نحـن بحاجـة للمـرور علـى الـثلاث مكونـات للطبيعـة البشـرية (الجسـد ومنهـا إلـى النفـس، وأخيـراً إلـى الـروح)، تمامـاً مثلمـا حـدث معـك عندمـا إستمعـت إلـى الترنيمـة

في المثال السابق أو مثلما حدث مع صديقنا وهدية عيد ميلاده. لكي يجد الهدية الرائعة كان لا بد له أن يفتح الصناديق الثلاثة، صندوقاً تلو الآخر حتى يصل إلى الصندوق الثالث ليفرح بالهدية.

والأن بعد فهم طبيعة الإنسان، يمكننا الى أن نعود إلى مناقشتنا حول: أسرار الصلاة الفعالة.

يقول الرب يسوع المسيح أن العبادة، التي تشمل الصلاة، ينبغي أن تكون في الروح: اَللهُ رُوحٌ. وَالَّذِينَ يَسْجُدُونَ لَهُ فَبِالرُّوحِ وَالْحَقِّ يَنْبَغِي أَنْ يَسْجُدُوا (يوحنا ٤: ٢٤).

فالصلاة كي تصل إلى الروح فإنها لا بد أن تمر من خلال الجسد وتكون قوية بما يكفي لتمر إلى النفس، ثم تعبر إلى أعماق الإنسان حيث الروح.

لماذا تكرر الكنيسة القبطية الأرثوذكسية نفس القداس الإلهي ونفس المردات والألحان؟

إذا كنت لا تزال تتذكر مثال الترنيمة التي استخدمتها في وقت سابق تستطيع أن تدرك

الحكمة من تكرار نفس الصلوات والمردات والألحان في القداس الإلهي على مدار السنين، بل والقرون. بالطبع هناك تغييرات في بعض الألحان والصلوات للإحتفال بأعياد أو بأصوام. ولكن القداس بمرداته وألحانه وصلواته يتكرر. وحتى التغييرات التي تحدث في الأعياد والأصوام هي الأخرى تتكرر كل عام وتستمر فترة كافية لأن تعبر المردات والألحان من الجسد إلى النفس وأخيراً تستقر في الروح.

لعلك تستنتج الآن أنه إذا إختلفت صلوات القداس الإلهي في كل مرة، فمن الأرجح أن الصلوات والمردات والألحان ستمر من خلال الجسد فقط، وسوف تتوقف عند هذا الحد، ولا تصل للنفس، ولن تصل إلى الروح، وبالتالي لن تكون صلاة حسب ما طلب الرب يسوع أن تكون العبادة بالروح.

نستنتج من هذا أن تكرار نفس القداس الإلهي في كل مرة ليس كما يعتقد البعض أنه قد يجعل الصلاة مملة، أو يكون تكرارا غير مقبول. فلقد رأينا إنه على العكس من ذلك، فهذا يتم بهذه الطريقة لأنه يقوم على فهم عميق لطبيعة الإنسان التي تسمح للصلاة للمرور من الجسد الى النفس، حيث تتولد

العواطف والمشاعر، ثم أخيراً إلى الروح حيث يمكننا العبادة في الروح، كما طلب الرب.

وكل صلوات وألحان القداس الإلهي لها نغمة خاصة. وهذه النغمات معا تشكل سيمفونية روحانية رائعة الجمال. هي أجمل من أي سيمفونية يسمعها الإنسان لروحانيتها العميقة. وعندما يعيشها الإنسان تدخل هذه السيمفونية بنغماتها المتمايزة إلى روحه، فتتلامس مع أعماق روحه، فتنتعش الروح وتسمو بالإنسان فوق العالم المادي. لذلك، لا عجب كيف أن صلوات القداس الإلهي تأخذ هؤلاء الذين تعلموا كيف يصلون بالروح في القداس من الأرضيات ليتلامسوا مع السماء.

هل صلوات القداس الإلهى هي بالروح والحق كما طلب الرب؟

كما رأينا أن صلوات وألحان ومردات القداس الإلهى هي نموذج فريد يدخل بنا إلى عمق الصلاة بالروح. فماذا عن الشق الآخر في العبادة، وهو «الحق»؟ معظم كلمات الثلاثة قداسات التي تصليها الكنيسة القبطية الأرثوذكسية مأخوذة من الكتاب المقدس. والكتاب المقدس هو المرجع

إلى الحق: كُلُّ الْكِتَابِ هُوَ مُوحًى بِهِ مِنَ اللهِ (٢ تيموثاوُسَ ٣:١٦). والله هو الحق، وكلماته هي الطريق للحق. لذلك، من يدخل إلى أعماق القداس حتماً سيصلي بالروح والحق، كما طلب الرب. وبعض طبعات القداس الإلهي بها شواهد، تدل على مكان كلمات الصلوات في الكتاب المقدس.

من الذي أسس القداس الإلهي؟

الذي أسس القداس الإلهي هو الرب نفسه فِي العشاء الأخير: وَأَخَذَ خُبْزاً وَشَكَرَ وَكَسَّرَ وَأَعْطَاهُمْ قَائِلاً: «هذَا هُوَ جَسَدِي الَّذِي يُبْذَلُ عَنْكُمْ. اِصْنَعُوا هذَا لِذِكْرِي» (لوقا ٢٢:١٩).

وبما أن وصيته أن نقلد ونكرر ما صنعه هو، لذلك أبقت الكنيسة على تكرار ما عمله الرب من أيام الرسل وحتى الآن وأسمته «القداس الإلهي.» وبالتالي، هذا التكرار في القداس الإلهي هو بناء على أمر الرب للحصول على الأسرار والإستنارة الروحية للنفس البشرية.

وبعبارة أخرى، الرب يطلب منا أن نعبده بالروح، ثم يُبين لنا كيفية العبادة بالروح من خلال تكرار القداس الإلهي. لذلك للوصول

إلى عمق العبادة بالروح، نحن بحاجة إلى إكتشافها وممارستها في القداس الإلهي. والشخص الذى يصل إلى العبادة بالروح في القداس الإلهي، يستطيع أن يصلي بالروح في أي نوع آخر من الصلاة.

عندما تصلي بالروح في القداس الإلهي، هذا يعني أنك تدع الصلوات والألحان تنساب وتتعمق وتستقر داخلك حيث تكمن الروح. وعندما تتلامس صلوات وألحان القداس مع روحك، تكون قد بدأت الرحلة إلى السماء التي ستملأ حياتك بالسلام والفرح السماوي الأبدي.

هل يبدو هذا من الصعب تحقيقه؟

بعض الناس يتسألون: هل الوصول إلى الصلاة بالروح صعبة؟

بالتأكيد لا، لأنها تأتى بشكل طبيعي حيث إنها جزء من طبيعتنا البشرية، عندما نعطيها الفرصة. لقد ذكرت مثال الترنيمة المؤثرة التي لما تستمع إليها وتسمح لها بأن تتلامسٍ مع أعماقك. فإنها قليلاً قليلاً، تجد لها طريقاً إلى نفسك ثم إلى روحك بدون مجهود كبير منك.

لعلك الآن تتذكر عدداً من الترانيم أو الألحان التي أثرت فيك بدون مجهود يذكر منك. كل ما فعلته إنك إستمعت لكل منهم عدة مرات. ثم بدأت تصغي السمع للكلمات والنغمات. وبعد ذلك أخذت تفكر في معاني الكلمات، فوجدت الكلمات تلمس قلبك ومشاعرك، وأحسست أن النغمات تتلامس مع عواطفك. في الحقيقة إنك لم تدر بهذه الخطوات لأنها تحدث تلقائياً وطبيعياً.

والسؤال الآن لماذا تحدث طبيعياً؟

السبب أن الله خلق الطبيعة الإنسانيه بممرات مفتوحة بين الجسد والنفس، والروح لفائدة البشرية في مجالات كثيرة. واحدة من هذه المجالات هو الوصول إلى الصلاة بالروح، لكي نستمتع بالصلاة الروحانية معه، فنتذوق جمال السماء ونحن مازلنا على الأرض، ونحيا الملكوت ونحن نعيش وسط هذا العالم.

عمل النعمة وزيارات النعمة في القداسات

بالإضافة إلى ما ذكرت، لا يمكنني الحديث عن الصلاة بالروح دون الحديث عن نعمة الله التي تساعد الناس على الصلاة بالروح. لأن مسرة

الله أن نصلي بالروح، لذلك النعمة تساعد أي شخص يشتاق لأن يستمتع بحلاوة الصلاة، ويحتاج مساعدة في الصلاة. استمع إلى ما يقوله القديس بولس:

وَكَذلِكَ الرُّوحُ أَيْضًا يُعِينُ ضَعَفَاتِنَا، لأَنَّنَا لَسْنَا نَعْلَمُ مَا نُصَلِّي لأَجْلِهِ كَمَا يَنْبَغِي. وَلكِنَّ الرُّوحَ نَفْسَهُ يَشْفَعُ فِينَا بِأَنَّاتٍ لاَ يُنْطَقُ بِهَا (رومية ٨:٢٦).

النعمة حاضرة في القداسات، وتعمل في كل ما يحدث في القداس. وعندما ترى إنسانا له إشتياقات أو عنده إستعداد لقبول نعمة الله تعمل فيه. وكمثال لذلك، ذهب الشاب أنطونيوس إلى الكنيسة بقلب فيه حب لله، فيه جوع وعطش إلى البر. ورأت النعمة هذا القلب، فعملت في كلمات إنجيل قرأه شماس: إِنْ أَرَدْتَ أَنْ تَكُونَ كَامِلاً فَاذْهَبْ وَبعْ أَمْلاَكَكَ وَأَعْطِ الْفُقَرَاءَ، فَيَكُونَ لَكَ كَنْزٌ فِي السَّمَاءِ، وَتَعَالَ اتْبَعْنِي (متى ١٩:٢١). حملت النعمة هذه الكلمات وأودعتها في أعماق قلب أنطونيوس. لم يقل لنا القديس أنطونيوس ما عملته النعمة في قلبه عند سماعه هذه الكلمات. غير أن من عملت فيهم النعمة قالوا إن الكلمات كانت كالنار في قلوبهم،

وحركت قلوبهم وجعلتها قريبة جداً من الله. وأحسوا أنهم كانوا محمولين بالنعمة.

أما زيارات النعمة في القداس فهي كثيرة ومتنوعة. فهي تحرك قلباً للتوبة، فيجد دموع التوبة تبلل وجنتيه. وشخص آخر تجذب كل أفكاره لتثبت في الصلاة. وآخر تعطيه دموع تعزية أو فرح. وآخر يخرج من الكنيسة مملوء فرحاً، أو تعزية، أو سلاماً عميقاً. وآخر يشعر أنه أصبح إنساناً جديداً؛ لقد تم غسيل للنفس والروح والقلب. كل هذه هي أعمال النعمة العجيبة في القداس.

النعمة تزيل عن كتفيك أثقال الحياة، فأسرع لتستريح من أحمالك.

النعمة تحرر من قيود الخطية، فأسرع لتنال الحرية.

النعمة تزيل الأحزان، فأسرع لتتخلص من أحزانك.

النعمة تشفى القلوب المنكسرة، فأسرع لتأخذ شفاء لقلبك.

النعمة تفرح القلب، فأسرع لتأخذ وتفرح.

النعمـة هـي التـي سـتقودك فـي رحلتـك لتـزور السـماء، فأسـرع.

النعمـة تدعـوك لأن فيهـا كل احتياجاتـك، فأسـرع ولا تتأخـر.

الآن، دعنا نتوقف لنفكر!

خلقـت الطبيعـة البشـرية لتحقيـق الغـرض مـن الـصلاة. وأكثـر مـن ذلـك، روح اللـه نفسـه يشـفع نيابـة عنـا ليمكننـا مـن الـصلاة بالـروح. والنعمـة موجـودة ومسـتعدة للعمـل. لذلـك، يجـب علينـا جميعـاً أن نتشـجع ولا نتـردد فـي أن نبـدأ هـذه الرحلـة الهامـة إلـى السـماء، كمـا سـنتحدث عليهـا بمزيـد مـن التفاصيـل فـي الفصـل التالـي.

✛✛✛

القديـس البابـا كيرلـس السـادس، رجـل الـصلاة والتسـابيح والقداسـات كان يصلـي القـداس كل يـوم. وكان إسـتعداده للقـداس يبـدأ فـي صلاة رفـع بخـور العشـية فـي اليـوم السـابق للقـداس، ثـم التسـبحة فـي الرابعـة صباحـاً. يعقبهـا صلاة رفـع بخـور باكـر. بالإضافـة إلـى صلواتـه الخاصـة. كل هـذه كانـت مقدمـات للقـداس الإلهـى. كان هـذا هـو مسـتواه الروحانـي الشـامخ. ونحـن لسـنا فـي

مستواه. ولكننا نتعلم منه أن يكون للقداس
إستعداداً روحياً.

الفصل الثالث

ماذا تفعل في القداس الإلهي؟

هـل تعـرف أن لديـك دعـوة مجانيـة
أسبوعية لزيارة السماء؟ المسيح حبيبنا
أرسل لـك هـذه الدعوة لكي تستمتع
بروعة جمال السماء. هذا الفصل يخبرك
عـن كيـف تبـدأ الرحلـة العجيبـة إلى
السماء

قبـل الإجابـة علـى هـذا السـؤال الهـام، دعنـي
أسألك، هـل زرت مدينـة ديزنـي؟

إذا كنت فعلت ذلك، فأنت عاينت سحر
وجمـال مدينـة ديزنـي. التنزه فـي مدينـة ديزنـي
مثل التنزه فـي حلم جميـل، لا تريـد أن تستيقظ
منـه. ومع ذلك فهـذه الزيـارة الغامـرة بالسـعادة
تكون لا شـيء بالمقارنـة بزيـارة السـماء. لأن جمال

السماء هو أروع من كل خيالنا وتصوراتنا. والله بنفسه خلقها للعيش فيها مع شعبه إلى الأبد. لك أن تتخيل أن ملياردير يرغب في بناء قصر لنفسه ليعيش فيه. بالتأكيد سيطلب أفضل المهندسين لتصميمه، وسيستخدم أفضل وأجمل المواد في بنائه. سيجعل فيه بساتين فيها أجمل الورود والرياحين، وينصب فيها تماثيل غاية في الروعة. سيكون هذا القصر وكأنه فردوس جذاب يتمنى الناس أن يتمتعوا يوماً بزيارته، ولو لساعات قليلة.

الآن، دعونا نتحول إلى الله. لقد أعد الله—مالك السموات والأرض وكل ما فيهما— السماء ليسكن فيها هو مع شعبه كمكافئة لحبهم. الله الكلى الجمال، وهو مصدر كل جمال. وبالتالي فكم تكون جميلة هي السماء التي أبدعها هو ليسكن فيها مع أولاده المحبوبين جداً إلى قلبه! ما هي صفاتها؟ وما هو جمالها؟

لنعثر على إجابة، دعونا نستمع للقديس بولس، واحد من أعظم كتاب الكتاب المقدس، بعد زيارته إلى الفردوس حاول جاهداً أن يصف الفردوس مستخدماً كل مهاراته الفذة في الكتابة، لكنه لم يجد الكلمات الكافية

التي يمكن أن تصف الفردوس، حتى أنه اضطر إلى تلخيص جمالها في جملة واحدة: مَا لَمْ تَرَ عَيْنٌ، وَلَمْ تَسْمَعْ أُذُنٌ، وَلَمْ يَخْطُرْ عَلَى بَالِ إِنْسَانٍ (١ كورنثوس ٢:٩).

بعبارة أخرى، لا توجد كلمات في لغاتنا البشرية تستطيع أن تصف جمالها. يمكن بلغتنا وصف الجبال الشاهقة الإرتفاع، والبحيرات الهادئة الجميلة، وغروب الشمس الذى يسبي القلوب بجماله. ولكن عندما يتعلق الأمر بالجمال الروحي فاللغة البشرية تعجز عن ذلك، ببساطة لأن الجمال الروحي أعمق من أي قدرات لغوية. إن الأرواح الطاهرة فقط يمكن أن ترى، وتسمع، وتتلامس مع جمالها بأساليب مبهجة تفوق كل خيالنا. ومع ذلك متى حاولنا الصلاة في القداس فإن النعمة تأخذ بيدنا وتساعدنا حتى نتلامس مع مخلصنا الصالح ونتذوق حلاوة وجمال السماء.

والآن، دعونا نبدأ رحلتنا إلى السماء، والتي نعجز عن وصف جمالها، فنقول إنها الفائقة الجمال.

ما يجب القيام به للإستمتاع بالرحلة؟

في الصباح:

١- إستيقظ مبكراً وإبدأ يومك بالصلاة معبراً عن شوقك لإلهك الحبيب.

٢- في طريقك إلى الكنيسة، حافظ على هدوء نفسك، وإذا أمكن ردد بعض الصلوات القصيرة التي يتحدث بها قلبك لله، أو المزامير التي تتحدث عن بيت الله، مثل «فَرِحْتُ بِالْقَائِلِينَ لِي: إِلَى بَيْتِ الرَّبِّ نَذْهَبُ» (مزمور ١٢٢:١) أو «مَا أَحْلَى مَسَاكِنَكَ يَا رَبَّ الْجُنُودِ! تَشْتَاقُ بَلْ تَتُوقُ نَفْسِي إِلَى دِيَارِ الرَّبِّ» (مزمور ٨٤:١).

٣- تجنب الخوض في جدال مع الآخرين. عادة ما يحاول الشيطان أن يجعل الناس تغضب مع بعضها وهم في طريقهم للكنيسة ليفقدوا سلامهم الداخلي.

٤- قد يحاول الشيطان وضع العراقيل ليمنعك من الذهاب إلى الكنيسة، بدءاً من الشعور بالتعب أو المرض. لذلك، تحتاج أن تكون قوياً، وتقاوم، ولا تستمع لهذه الأفكار، وسوف تكتشف لاحقاً أنها كانت حيلاً من

إبليس. رأيت أناس يعتقدون أنهم مرضى في صباح الأحد، ولكن خلال بضع ساعات يكونون بصحة جيدة! وأحياناً أخرى يحاول الشيطان أن يجذب الإنسان إلى أن يشاهد الأخبار أو أن يرى الفيسبوك أو يقرأ رسائل الأصدقاء التي أرسلوها على وسائل التواصل الإجتماعي. فيتأخر الشخص، وربما كل العائلة معه في الذهاب للكنيسة، ويفقد هذا الشخص الإستعداد الفكري والقلبي المطلوب للتركيز في الصلاة في الكنيسة.

٥- ومن خدع الشيطان البغيضة أن يجذب الإنسان إلى السهر لمشاهدة التليفزيون أو وسائل التواصل الإجتماعي مثل الفيسبوك حتى ساعات متأخرة من الليل في الليلة السابقة للذهاب إلى الكنيسة. وتكون النتيجة أن الشخص يكون متعباً في الصباح ولا يستطيع الذهاب إلى الكنيسة أو يذهب متأخراً ومتعباً ولا يستطيع التركيز في الصلاة.

كن فرحاً. أنه يوم رحلة مفرحة إلى السماء.

هل تعرف ما أعنيه؟ ما هو مقدار سعادة الإنسان في يوم ذهابه في رحلة؟ بلا شك إنه يوم فرح وسعادة بالغة. وسعادة الإنسان تكون

أكبر عندما يصل إلى مكان الرحلة. عندما يدخل الناس إلى ديزني لاند، كم يكونوا سعداء؟ لك أن تتصور للحظة، الخطوة الأولى للأولاد والشباب في مدينة ديزني. أراهم لا يمشون، بل يقفزون من الفرح، ووجوههم تحكي فرحهم الغامر. أنهم متلهفون للبدء على الفور في ركوب الألعاب واحدة تلو الأخرى، وفي كل منها يفعلون ما بوسعهم للإستمتاع بها. أحياناً من شِدّة فرحهم يصيحون. وأحياناً أخرى يغلقون عيونَهم، وأحياناً يرفعون أيديهم لأعلى أثناء نزول الألعاب من أعلى إلى أسفل، وفي بعض الألعاب يمسكون الحواجز بثبات. في كل منها يتصرفون بشكل مختلف لكي يتمتعوا بكل لعبة.

وعلى الرغم من أن القداس الإلهي يختلف عن مدينة ديزني في العديد من الجوانب. مع ذلك، فكلاهما متشابهان في وجود قطار الأحلام. وفي محاولات الناس للحصول على أكبر سعادة ممكنة.

لكن في ديزني لاند سعادة نفسية، بينما في الكنيسة فالسعادة هي ليست فقط نفسية، بل هي روحانية. وقطار الأحلام في ديزني يسير على الأرض وينقل الراكب إلى عالم من

الخيال الممتع. لكن القداس الإلهي لا يذهب بنا لأماكن على الأرض، لكنه يصعد بنا إلى أعلى، إلى السماء. وينقلنا ليس إلى عالم من الخيال، ولكن إلى عالم روحاني حقيقي متعته ليس لها نظير على الأرض.

دعنا الأن نلقى نظرة على ما يفعله الناس في القداس لكي يدخلوا في روحانياته وتحتاج أنت أن تقلدهم فيما يفعلون:

١- في بعض الصلوات تجد الناس يرفعون أيديهم إلى فوق، لكي يستمتعوا بالروحانية. عندما يرفع شعب الكنيسة أيديهم إلى فوق، إفعل مثلهم.

٢- الناس تركع. لا تظن أن هذا صعب، أو أنه غير ضروري. فقط إركع مثلهم أو إنحنى.

٣- من وقت لآخر تجد الناس يرشمون أنفسهم بعلامة الصليب، إرشم نفسك بعلامة الصليب مثلهم.

٤- في أوقات أخرى يغلق الناس عيونهم، لا تخف أن تعمل مثلهم.

٥- الناس تقف معظم الوقت. قدميك قد تتعب في البداية، ولكنك ستتعود على

الوقوف. ولن تشعر بالتعب عندما تصبح روحك متشوقة للصلاة بالروح، التي هي أحلى من العسل، وأشهى من أي طعام موجود على وجه الأرض.

وبالتالي فإن الدرس الأول الذي نتعلمه هو: للحصول على فوائد القداس الإلهي، تابع وقلد ما يفعله الآخرون في القداس الإلهي. هي قاعدة بسيطة، ولكن فوائدها عظيمة. زوار مدينة ديزني لا يسألوا لماذا الشباب يفعلون ما سبق أن ذكرناه، لكن يقلدونهم فيما يفعلون ويجدون متعة كبيرة. الآن تذكر أن تفعل الشيء نفسه، دع الفهم يأتي بعد ذلك.

زرت مرة قصراً، مع عديد من الزوار، ولدهشتي وجدت ملكة القصر واقفة عند الباب لتحية كل زائر. لذلك، كان كل زائر ينحني ويقبل يد الملكة. لقد قيل لي فيما بعد أن هذا هو العُرف. فبما أن ملكة القصر هي أهم شخص في القصر، فالناس تعطيها كل الإحترام والإهتمام خلال طوال الزيارة، من لحظة دخولهم القصر حتى مغادرتهم القصر.

بالمثل، عندما تدخل الكنيسة تذكر أهم

شخص هناك، والذي بلا شك هو الله، الذي سيكون واقفاً على باب الكنيسة ليستقبلك في بيته. فأدخل الكنيسة بكل وقار، وأعطه كل الإحترام والإهتمام طوال الوقت، من لحظة دخولك الكنيسة حتى مغادرتها.

لذلك هذا هو سر الكنيسة: مقابل المزيد من الإهتمام الذي تعطيه لله، تأخذ المزيد من البركات الروحية والمزيد من الإستمتاع الروحاني.

والعجيب، فإن بعض الناس يلتقون بجميع أصدقائهم وغيرهم من الناس في الكنيسة، لكنهم لا يلتقون بالله، ونتيجة لذلك لا يتمتعون بأي روحانية في الكنيسة. وبدلاً من أن يأخذوا فرحاً في الكنيسة، يحدث العكس من ذلك، فإن وقت الكنيسة هو وقت ممل بالنسبة لهم، والمؤسف أنهم سوف يظلون كذلك حتى يتعلموا أن يولوا إهتماماً بالمسيح في كل وقت وهم في الكنيسة. وهذا معناه أن يصلوا في الكنيسة.

الآن، أنا أكاد أسمعك تتساءل: كيف أجد كلمات أصلي بها؟ والبعض قد يقول لي سراً في أذني، أنه يصلي لله لبضع دقائق فقط ثم

لا يجد كلمات أو مشاعر، لذا يتوقف! الإجابة بسيطة . . .

تعلم أن تدخل في حديث مستمر مع الله.

لتصل إلى هذا الحديث، عليك القيام ببعض الأشياء البسيطة التالية:

١- تأتي إلى الكنيسة بقلب مشتاق للمسيح، كما تفعل عندما تذهب لرؤية صديق عزيز عليك وكان مسافراً بعيداً لوقت طويل.

٢- إعداد قائمة لبعض الأمور التي تحتاج التحدث عنها مع الله وتصلي من أجلها. أنا لا أعني كتابة قائمة على الورق، ولكن أشياء قررت أنك بحاجة للصلاة من أجلها.

٣- تحدث مع المسيح عن إحتياجك الشخصي له.

٤- صلي من أجل أمور تمس قلبك، مثل إشتياقك لتكون هناك نصرة في حياتك الروحية، أو للتغلب على الخطية التي تزعج حياتك.

٥- تحدث معه عن حبك له، وحبه لك غير المشروط كأب حنون.

٦- أُذكر ذكرياتك عن كيفية رعايته الحانية لك.

٧- اشكره على وجودك في هذا المكان المقدس بالرغم من عدم إستحقاقك.

٨- إستخدم جميع الصلوات التي تسمعها من الكاهن أو الشماس كمواضيع للصلاة. على سبيل المثال عندما يذكر الكاهن الخلاص الذي تم على الصليب، اِرفع قلبك لتشكر الله على هذا الخلاص. وعندما يذكر الكاهن آلام الرب على الصليب، تقول للمسيح إنك احتملت كل هذه الآلام بسبب خطاياي، وتبدأ في التوبة والإعتراف عن كل خطاياك.

٩- كمقدمة للصلاة إستخدم الأيقونات التي حولك. والكنيسة مليئة بأيقونات المسيح: ميلاده، صلبه، العشاء الأخير، القيامة، وصعوده إلى السماء... إلخ. تحدث مع المسيح حول كل حدث وكيف أثر ذلك في حياتك.

١٠- إستمع إلى القراءات، طبقها على حياتك، ثم إجعلها موضوعات للحديث مع الله.

١١- شاهد الطقوس وحولها إلى صلاة. الصلوات مليئة بالطقوس التي يمكنك إستخدامها. وكمثال، عندما ترى الشماس في

الهيكل رافعاً الصليب وواقفاً مقابل الكاهن بينما الكاهن يصلي صلاة الصلح، تذكر أن ثمن الصلح كان غالياً. كان صلب المسيح. لقد تحمل المسيح الجراحات، والمسامير، وإكليل الشوك، والجلد، والوقوع تحت الصليب. وقل للرب تحملت كل هذا بسبب خطاياي، سامحني وارحمني.

١٢- الألحان والمردات في القداس الإلهي تعمل كسلالم تصعد بنفسك لتنقلها إلى أعلى نحو الله. لذا، استمع لهم بعناية، إفهمهم، رنمهم، وإستوعبهم في قلبك وروحك. دعهم يصلون إلى أعمق جزء فيك وهو روحك (كما شرحنا من قبل في المكونات الثلاث للطبيعة الإنسانية).

ليس المطلوب أن تفعل كل هذه الأمور، لكن ما يحرك قلبك نحو الله. النقطة الرئيسية هي أن تجعل الله مركز تفكيرك طوال الوقت، واستخدم كل صلاة، كل أيقونة، كل طقس، كل قراءة، كل لحن ومرد، وكل طلبة، لكي كل هذه أو بعضها تحرك مشاعرك نحو مسيحك، ولتصبح حديثاً مستمراً مع الله، وصلاة لا تنقطع.

هل يمكن أن يحدث هذا فوراً؟

بالنسبة لغالبية الناس، فإنهم يحتاجون الوقت والجهد للوصول إلى حديث مستمر وصلاة مستمرة لفترة طويلة مع الله. ومع ذلك، فإذا كان لديك مشاعر صادقة نحو الله، سوف تتذوق السلام الداخلي وتشعر باللمسات الروحية حتىٍ من المرة الأولى؛ وسوف تشعر بدفء الله مرحباً بك في وجوده. إنه إله محب حنونٍ يلمس القلب حتى من المرة الأولى، ويجلب فرحاً لا يمكن التعبير عنه.

ماذا عن بعض التركيز؟

هل مازلت تذكر ما ذكرته لك عن رؤية الصور المجسمة ذات الثلاثة الأبعاد؟ إنها تحتاج لتركيزٍ شديد. للإستمتاع بجمالها. والقداس الإلهي أيضاً يحتاج تركيزاً. عندما تحدث كثير من الاضطرابات حولك، سوف تفقد التركيز، وبعد ذلك سوف تفقد حديثك مع الله. وهذا سوف يؤدي بِنَا إلى مناقشة موضوع عملي وهام جداً وهو:

كيف أركز في الصلاة في القداس الإلهي؟

١- تجنب الجلوس بالقرب من الأصدقاء أو الأقارب الذين يتحدثون أو يتحركون كثيراً أو

يجعلـوك تفقـد التركيـز.

٢- تجنب الجلوس قريباً مـن الأبواب والأماكن التـي فيهـا حركـة كثيـرة.

٣- اجلـس بعيـداً عـن المقاعـد المزدحمـة بالمصلـين.

٤- لا تحمـل نفسـك بخدمـات أو أنشطة عديـدة أثنـاء القـداس الإلهـي التـي يمكـن أن تجعـل حديثـك المسـتمر مـع اللـه شـبه مسـتحيل.

٥- قف على مقربة مـن المكان الـذي يجذبـك روحيـاً، مثل أيقونـة أو صليـب.

٦- ثبـت وجهـك علـى المذبـح أو علـى أيقونـة، ولا تسـمح لعينيـك بالنظـر إلـى النـاس.

٧- ادخـل فـي صـلاة عميقـة منـذ اللحظـات الأولـى لدخولـك الكنيسـة.

٨- لا تقلق بشأن مـا يقوله الآخرون عنك.

٩- تعلـم أن تغمـض عينيـك.

١٠- انتبـه لكلمـات الصلـوات والمـردات والألحان. التركيـز سيسـاعد علـى تمريرهـا إلـى النفـس ثـم إلـى الـروح دون متاعـب.

صديقي العزيز، اجعلها عادة أن تتحدث إلى الله أثناء القداس الإلهي. أخبره عن خطاياك، وأنك تخجل من الوقوف أمامه بسبب ذنوبك. تحدث معه عن الحرب الروحية التي تجذبك للخطيئة، وتسأله بحرارة ليسندك. إعترف بضعفاتك أمامه، طالباً قوته للتغلب عليها. اشعر بعدم الإستحقاق. أخبره مراراً وتكراراً أنك غير مستحق وخاطئ. دع قلبك يصرخ إليه، فالقلوب تتكلم ببلاغة أكثر من الكلماتَ لتعبر عن أعمق مشاعرنا. اشكر الله على كل شيء في حياتك. تذكر الذي فعله الله في حياتك. عبر عن فرحك بوجودك في بيته وعن حضنه المفتوح لك

ربما تكون شماساً أو خادماً في مدارس الأحد؛ برجاء أن تذكر نفسك بالآتي: أتذكر إني غير مستحق أن أقف في هذا المكان المقدس. كشماس، أنا غير مستحق أن أرتدي هذه التونية البيضاء النقية، لأن حياتي فيها خطايا كثيرة. على الرغم من أن العديد من الناس ينظرون إليَّ كمعلم للآخرين في الكنيسة، أو إني خادماً في مدارس الأحد، أو شماساً، أو شخصاً متديناً. لكني أنا خاطئ آتي إلى الكنيسة متوسلاً رحمة الله. إذ إني

أعرف نفسي أكثر من أي شخص آخر.

لكن انتبه، لأن ذلك لا يعني أنك لا أمل فيك أو إنك شخص منافق. ليس على الإطلاق. أنني أعرف أنني ضعيف، ولكنى أنا أعمل، وأنا أعمل جاهداً لأكون أفضل، لأتوب عن خطاياي. وأنا معتمداً على نعمة الله. ثم إني لا أستعمل هذه الطبيعة الضعيفة كذريعة للخطيئة لأنني بالفعل أكره الخطيئة التي تفصل بيني وبين يسوع حبيبي.

أنا لم أفقد الأمل والثقة في مغفرة الله، مهما كانت خطاياي سيئة، أو مهما امتدت لفترة طويلة في حياتي. الله هو الآب السماوي الذي ينظر إلى قلوبنا ويقرأ رغباتنا للعيش معه. أنا أعلم أنني بنعمة الله سوف أنتصر على الخطيئة بغض النظر عن عدد المرات التي تغلبت فيها الخطيئة عليَّ.

وحتى لو ما زلت أنجذب للخطيئة وأسقط فيها. لكن المسيح الحنون الذي مد يده وأنقذ بطرس من الغرق سوف يمد يده القوية وينتشلني. لأن يد الله الممدودة ليست فقط لبطرس، بل لكل إنسان يطلبه، كما قال أشعياء: هَا إِنَّ يَدَ الرَّبِّ لَمْ تَقْصُرْ عَنْ أَنْ تُخَلِّصَ، وَلَمْ تَثْقَلْ أُذُنُهُ عَنْ أَنْ تَسْمَعَ (إشعياء ٥٩: ١).

كلمة للشمامسة

الشمامسة يتمتعون ببركات روحية كثيرة، بل لهم إمتيازات عن باقي الشعب. إذ هم يدخلون هيكل الرب ويقفون فيه خداماً حول المذبح. لكن بعض الشمامسة لا يدركون مقدار هذه النعمة. ياليتنا نتذكر ما تعلمنا إياه الأجبية في قطع الساعة الثالثة «إذا ما وقفنا في هيكلك المقدس نحسب كالقيام في السماء.» احسب نفسك أنك واقف في السماء وسط ملائكة وقديسين.

لا تنشغل بترتيبات وإستعدادات لأشياء قد تفقدك حديثك الخاص مع الله. رتب كل شيء قبل بدء القداس.

أيضاً لا تركز على صوتك الجميل، وكيف أن الناس سوف يثنون عليه. لأنه بمجرد التركيز على نفسك ستفقد صلاتك.

وبدلاً من ذلك، صلي بحرارة لمساعدة الناس على رفع قلوبهم إلى الله أيضاً. أنت قائد والآخرون يتبعونك كمثال، لذلك قف بخشوع وصلي بحرارة، وركز في الحديث القلبي مع الله.

من فضلك لا تتحرك دون داعٍ وصلي في

خوف الله.

ولا تتكلم مع آخرين أثناء القداس. كلامك مع آخرين فيه عثرة للناس الذين يصلون بعمق. ولا تفكر وتنتقد الآخرين فيما يفعلونه.

لا تجعل الإهتمام بالشورية أو إضاءة الشموع أو قيادة الآخرين تأخذك من رفع قلبك بالصلاة.

خطوات تحدث في رحلة القداس

الآن، اسمحوا لي أن أتصور أنك دخلت الكنيسة، وبدأت حديثاً قلبياً مع الله لفترة قصيرة، وإستمتعت به كثيراً. لا تتوقف هنا. حاول إطالة هذا الوقت عن طريق القيام بأشياء بسيطة مثل: الإستماع بعناية أكبر للصلاة؛ راقب عن قرب كل الطقوس؛ متابعة الصلوات بإستخدام كتاب القداس الإلهي، أو شاشات التليفزيون التي تكتب الصلوات.

قليلاً قليلاً، ستلاحظ أنك تتحدث أكثر وأكثر مع الله. وبعد ذلك سوف تدرك أنك تتحدث مع الله ليس بكلمات فقط، ولكن بمشاعر عميقة. بل وأحياناً ستجد دموعاً في عينيك، تلك الدموع ليست دموع الحزن، وليست دموع الإحباط، بل هي دموع تلامس القلب مع

الحبيب. ومع هذه الدموع ينتشر سلام عميق في القلب، وتشعر أنك قريب جداً من الله.

في الرحلات يركب الناس السفينة لتنقلهم إلى مكان أروع جمالاً وأكثر متعة من بيوتهم. والعجيب أن العديد من القديسين قالوا إن الكنيسة هي أيضاً سفينة، سفينة الخلاص. وفي القديم كانوا يقومون ببناء الكنيسة على شكل سفينة. ونحن ندخل الكنيسة، السفينة، لنسافر بعيداً، لنذهب إلى السماء، ولنستمتع بالرحلة وبالسماء أيضاً. ضع في قلبك أن كل قداس هو رحلة إلى السماء.

قصة لكاهن معاصر

هذه قصة حقيقية لكاهن معاصر حدثت معه عندما كان يصلي القداس. فبينما كان هذا الكاهن يتلو الكلمات: «ونظر إلى فوق نحو السماء..» قال هذا ورفع عينيه نحو السماء، وتوقف لسانه عن تكملة الصلاة. وساد الكنيسة الصمت. والكل كان متعجباً لماذا توقف أبونا. ومر وقت طويل قبل أن يكمل صلاته. ما حدث لهذا الأب الكاهن هو أنه بينما كان مشغولاً بالصلاة، فجأة صمت لسانه وتوقف عن الكلام، وبدلاً من ذلك وجد عينيه

تتركز وتتطلع نحو السماء. لحظات من الصمت حلت عليه، صمت عميق مقترن بفرح عظيم. قضى لحظات بدت قليلة في نظره، ولكنها في الواقع كانت أطول من ذلك بكثير.

كتبت لك ما حدث مع هذا الأب الكاهن لكي ترى كم حلوة هي الرحلة إلى السماء. كثير من الناس بعد أن يتذوقوا حلاوة القداس يتمنوا ألا يتوقف الكاهن والشمامسة عن الصلاة، بل يستمرون. هؤلاء تذوقوا جزءاً من حلاوة السماء.

هؤلاء الذين من خلال الصلاة العميقة والتدريب على حفظ الحديث مع الله في القداس، سيتلامسون مع الله، وسيختبرون أموراً أخرى كثيرة. والله له طرقه الخاصة في التعامل مع كل شخص.

خلاصة القول هو أن لمسة الله للإنسان في القداس فيها فرح يفوق كل أفراح العالم. فرح يصعب التعبير عنه، ويستمر بعد القداس لفترات طويلة. بالإضافة إلى ذلك، فإنه يعطي آفاقاً جديدة للحياة تجعل لها معنى، وهدفاً أعمق وأوفى. فكما يقول العلامة أوريجانوس، «بعد عمل المسيح الخلاصي لا يقال للإنسان أنت تراب وإلى التراب تعود، مثلما قيل لآدم (تكوين ٣:١٩)، بل أنت سماء وإلى السماء

تعـود. »[5] فبينمـا البعـض فـي هـذه الأيـام لا يـرى
للحيـاة معنـى، فـي القـداس سـتدرك إنـك أنت
مخلـوق سـماوي، بـل أنـت سـماء. والسماء التي
جمالهـا يفـوق كل وصـف هـي بيتـك، بـل هـي
أنـت لإنـك يسـكن فـي داخلـك الـروح القـدس،
كمـا ينبهنـا الكتـاب: أَمَا تَعْلَمُـونَ أَنَّكُمْ هَيْكَلُ
اللـهِ، وَرُوحُ اللهِ يَسْكُنُ فِيكُمْ؟ (١ كورنثوس
٣: ١٦).

حفـظ الحديـث مـع اللـه فـي القـداس الإلهي
هـو سـلم عجيـب يقـود النفـس إلـى بيتنـا
العجيـب الجميـل، السـماء. وعندمـا تتلامـس مـع
نعمـة اللـه فـي القـداس مـرة واحـدة سـوف تشتاق
للحضـور مـرات ومـرات أخـرى للقـداس الإلهـي،
حيـث إن كل مـرة تحضـر القـداس الإلهـي سـتكون
رحلـة إلـى السـماء.

وعنـد العـودة إلـى المنـزل، حـاول أن تقـرأ
عـن شـرح الصلـوات والطقـوس، فكلمـا تـزداد
معرفتـك بالطقـوس والصلـوات كلمـا سـتطول
صلاتـك وتكـون أكثـر عمقـاً مـع اللـه.

---

5   Origen, *Homilies on Jeremiah and Homilies on 1 Kings 28*, J.C. Smith, trans. (Washington, DC: The Catholic University of America Press, 1998), 97.

صداقة القديسين

لعل أول ما تلاحظه عند دخولك كنيسة أرثوذكسية هي الأيقونات الموجودة في كل مكان، إلى يسارك وإلى يمينك، أمامك ووراءك، على السقف وعلى النوافذ. أيقونات (صور) قديسين كانوا يستمتعون بالسماء حينما كانوا على الأرض. ولكن الآن هم يسكنون في السماء؛ ومع ذلك مازالوا يزورون الأرض لتقديم المساعدة للمؤمنين. وبعبارة أخرى لم ينفصلوا عنا عندما رحلوا، لكنهم بدافع الحب مازالوا حولنا لتقديم العون لنا في حياتنا اليومية وفي رحلتنا إلى السماء. آذانهم مفتوحة لطلباتنا. وفي الحقيقة أن قلوبهم مفتوحة لنا قبل آذانهم.

ومن الأماكن التي يزورها القديسون كثيراً هي الكنائس، خصوصاً خلال القداس الإلهي. لماذا؟ هل سبق لك أن سمعت عن ملك أو رئيس يزور مكان بمفرده؟ بالطبع لا، أنه يأتي مع مساعديه، ومستشاريه، ومع فريق كامل. الآن فكر في الرب يسوع عندما يحل على المذبح في القداس الإلهي، هل تعتقد أنه يأتي وحده؟

بناء على رؤى رآها كثير من الناس الروحانيين، رأوْا الملائكة والقديسين محيطين

بالمذبح خلال القداس الإلهي. ومنهم القديس يوحنا القصير قمص برية شيهيت، والذي كان يرى السيد المسيح على المذبح والملائكة تحيط به.

القديسون موجودون في الكنيسة

القديسون يتواجدون في الكنيسة. ليس في أوقات القداس فقط، ولكن في أوقات أخرى كثيرة. إفتح فمك وإبدأ في الحديث معهم. تحدث معهم من قلبك، سوف يستمعون ليس فقط لكلماتك، ولكن أيضاً لمشاعرك، وتنهداتك، وحتى لصرخات قلبك المكتومة. وبالإضافة إلى سماعهم الطلبات وصلاتهم التي يرفعون فيها هذه الطلبات لله، وجودهم في الكنيسة هو قوة روحية تساعدنا على إنتقال أفكارنا وقلوبنا من العالم المادي إلى العالم الروحي.

الفصل الرابع

أقدس لحظات القداس الإلهي

«المسيح طرد الموت الذي سكن في جسد الإنسان وأزاحه. المسيح يخبأ الحياة في المؤمنين من خلال جسده الخاص. المسيح يدخل الحياة داخل المؤمنين كبذرة خلود.»[6]

القديس كيرلس الكبير

كل هذا الشوق إلى الله أثناء القداس الإلهي يَصْب في النهاية في الإشتراك في التناول من جسد الرب ودمه. إنها أكثر اللحظات التي يمتلأ القلب فيها من مخافة الرب عندما يقترب الإنسان نحو جسد الرب ودمه، ومع ذلك فهي

6 N. Russel, *Cyril of Alexandria*. (New York, NY: Routledge, 2000), 118.

أبهج اللحظات المفرحة في القداس الإلهي. فهذا هو الوقت عندما نحن المؤمنين، نتحد مع المسيح، نثبت فيه ويثبت فينا. فما أكثر فرحنا. هذه اللحظات تماثل حفل زفاف. فهو العريس ونحن العروس. وعلى الرغم من أن حفل الزفاف النهائي سيعقد في «عُرْسِ الْخَرُوفِ» (رؤيا يوحنا ١٩:٩)، لكن عربون هذا العرس نمارسه في التناول، حينما نتذوق كم هو جميل ومفرح الإتحاد مع الرب يسوع المسيح.

وهذا هو السبب أننا نعد أنفسنا لتلك اللحظات الذهبية للتناول من الأسرار المقدسة من خلال إستعدادات طويلة:

١- نحيا حسب إنجيل المسيح، وعندما نشعر بفشلنا ونخطئ، نتوب إلى الله ونطلب مغفرته.

٢- ثم نذهب إلى الكاهن، خادم أسرار الله، للإعتراف من أجل الحصول على الحل من خطايانا، فالله أعطى الكاهن سلطان الحَل عندما قال: وَكُلُّ مَا تَحُلُّونَهُ عَلَى الأَرْضِ يَكُونُ مَحْلُولاً فِي السَّمَاءِ (متى ١٨:١٨).

٣- خلال القداس الإلهي يقول الكاهن «صلاة التحليل» عدة مرات للتأكد من أن الجميع قد

نـال الحِـل مـن خطايـاه التـي أُرتكبـت منـذ آخـر إعتـراف وغيرهـا مـن الخطايـا التـي أُرتكبت سـهواً أو بـدون معرفـة الإنسـان.

٤- الشـعب يعتـرف لله بخطايـاه وضعفـه أثنـاء القـداس الإلهـي.

٥- المؤمنـون يسـألون اللـه أن يطهـر قلوبهـم، أجسـادهم، أفكارهـم، حواسـهم، ونفوسـهم لكـي يكونـوا مسـتحقين أن يتناولـوا مـن الأسـرار المقدسـة.

من هو مستحق للتناول؟

ليـس هنـاك مـن هـو مسـتحق للتنـاول؛ لكـن استحقاقنا يأتـي مـن دم الفـادي الـذي بذلـه مـن أجلنـا على الصليـب. بـدون دمـه الـذي سـفكه على الصليـب كنـا سنظل حامـلين خطايانـا. فالـذي يغفـر ذنوبـي وخطايـاي هـو دم يسـوع المسـيح. وهو الـذي يطهرنـي مـن خطايـاي. ولهـذا جئـت للتنـاول مـن الأسـرار المقدسـة.

فعلـى الرغـم مـن أننـي خاطـئ، ولكنـي جئـت إلـى كنيسـته فـي الوقـت المناسـب للتنـاول والحصـول علـى مغفـرة لخطايـاي.

ولكن إذا كان لا أحد يستحق من ذاته التناول، إذاً لماذا كل هذا الحديث عن الإعتراف بخطايانا؟ ولماذا كل هذه الإرشادات التي نحتاج لأن نتبعها قبل التناول؟

١- الكتاب المقدس يحذرنا. القديس بولس كتب بالروح القدس:

> إِذًا أَيُّ مَنْ أَكَلَ هَذَا الخبز، أَوْ شَرِبَ كَأْسَ الرب، بِدُونِ استحقاق، يَكُونُ مُجْرِماً فِي جَسَدِ الرب وَدَمِهِ. وَلَكِنْ لِيَمْتَحِنِ الإنسان نَفْسَهُ، وَهَكَذَا يَأْكُلُ مِنَ الخبز وَيَشْرَبُ مِنَ الكأس. لِأَنَّ الذي يَأْكُلُ وَيَشْرَبُ بِدُونِ استحقاق يَأْكُلُ وَيَشْرَبُ دَيْنُونَةً لِنَفْسِهِ، غَيْرَ مُمَيِّزٍ جَسَدَ الرب. مِنْ أَجْلِ هَذَا فِيكُمْ كَثِيرُونَ ضُعَفَاءُ وَمَرْضَى، وَكَثِيرُونَ يَرْقُدُونَ. لِأَنَّنَا لَوْ كُنَّا حَكَمْنَا عَلَى أَنْفُسِنَا لَمَا حُكِمَ عَلَيْنَا (١ كورنثوس ١١ :٢٧-٣١)

هنا تحذير شديد، وفي نفس الوقت يشرح معنى الإستعداد، وهو أن يمتحن الإنسان نفسه. أي يفحصها. معنى التقدم بعدم استحقاق هو تقدم الإنسان للتناول بدون توبة عن خطاياه بنية صادقة لعدم الرجوع إليها.

٢- تعال نقرأ معاً كلمات القديس يوحنا

الحبيب الذي كتب لنا بكلمات الروح القدس:

إن قُلْنَا: إِنَّ لَنَا شَرِكَةً مَعَهُ وَسَلَكْنَا فِي الظلمة، نَكْذِبُ وَلَسْنَا نَعْمَلُ الحق. وَلَكِنْ إِنْ سَلَكْنَا فِي ٱلنُّورِ كَمَا هُوَ فِي ٱلنُّورِ، فَلَنَا شَرِكَةٌ بَعْضِنَا مَعَ بَعْضٍ، وَدَمُ يَسُوعَ المسيح ابنه يُطَهِّرُنَا مِنْ كُلِّ خَطِيَّةٍ. إِنْ قُلْنَا: إِنَّهُ لَيْسَ لَنَا خَطِيَّةٌ نُضِلُّ أَنْفُسَنَا وَلَيْسَ الحق فِينَا. إِنِ اعترفنا بِخَطَايَانَا فَهُوَ أَمِينٌ وَعَادِلٌ، حَتَّى يَغْفِرَ لَنَا خَطَايَانَا وَيُطَهِّرَنَا مِنْ كُلِّ إِثْمٍ. إِنْ قُلْنَا: إِنَّنَا لَمْ نُخْطِئْ نَجْعَلْهُ كَاذِباً، وَكَلِمَتُهُ لَيْسَتْ فِينَا (يوحنا الأولى ١: ٦-١٠)

أولاً: يقرر حقيقة: كلنا نخطئ. إِنْ قُلْنَا: إِنَّهُ لَيْسَ لَنَا خَطِيَّةٌ نُضِلُّ أَنْفُسَنَا وَلَيْسَ الحق فِينَا.

ثانياً: وَدَمُ يَسُوعَ المسيح ابنه يُطَهِّرُنَا مِنْ كُلِّ خَطِيَّةٍ.

ثالثاً: يصف لنا ما ينبغي أن نفعله. إِنِ إعترفنا بخَطَايَانَا فَهُوَ أمينٌ وَعَادِلٌ، حَتَّى يَغْفِرَ لَنَا خَطَايَانَا وَيُطَهِّرَنَا مِنْ كُلِّ إِثْمٍ. أي أنه يقول لنا أن دم المسيح هو الذي يَطهرنا، ولكننا لكي نتقدم لنوال هذا السر العظيم نحتاج لأن

نعترف بخطايانا.

مثال: لو دعاك ملك أو رئيس دولة لتناول العشاء على مائدته. هو الذي سيدفع ثمن العشاء، وليس أنت. ولكنك أنت يجب أن تستعد لحضور هذه المائدة بأن تعد لنفسك ملابس نظيفة وأنيقة تليق بهذا الشرف العظيم الذي ستناله. بالمثل عندما تتقدم إلى التناول، مائدة ملك الملوك ورب الأرباب، تحتاج للتوبة من القلب ونوال الحِل من كاهن الله لكي نتقدم لمائدة الرب.

٣- تعال نرى ما يقوله القديس كيرلس الكبير للذين يقولون أنا غير مستحق للتناول عندما شرح الآية «مَنْ يَأْكُلْ جَسَدِي وَيَشْرَبْ دَمِي يَثْبُتْ فِيَّ وَأَنَا فِيهِ» (يوحنا ٦:٥٦). لقد قال:

> متى تصبح مستحقاً (للتناول) ومتى تقدم نفسك للمسيح؟ لأنه إن كنت ستخاف دائماً من عثراتك، فلن تتوقف أبداً عن العثرة (لأنه من يستطيع أن يرى كل خطاياه؟ كما يقول المرتل)، وبالتالي سوف تحرم نفسك بالكامل من الإشتراك في تلك القداسة (التناول) التي

تحافظ على الكل. قرر إذاً أن تحيا حياة أقدس، متناغمة مع الوصايا، وتقدم للتناول فتنال البركة، مؤمناً أنها قادرة ليس على شفاء الأمراض (الروحية) التي فينا فقط بل طرد الموت. فإن المسيح إذ صار فينا يهدئ الشهوات التي تهيج أعضاء الجسد، ويلهب التقوى لله، ويميت أهواءنا، غير حاسب لنا الخطايا التي نحن فيها، بل بالحري يشفينا، كما المرضى. فإنه يجبر المنكسرين ويقيم الساقطين لأنه الراعي الصالح الذي بذل نفسه عن خرافه.[7]

سؤال: مازلت أجاهد ضد خطية معينة، هل أتناول أم أنتظر حتى أتخلص من الخطية ثم أتناول؟

قد تكون مجروحاً من خطية معينة. ولذلك قلبك حزين، وقد تبتعد عن التناول لهذا السبب. لكن في معجزة إقامة ابن أرملة نايين من الموت (لوقا ٧ : ١١- ١٥) لمس الرب النعش، فقام الميت بأمر الرب. ويقول القديس كيرلس الكبير في تفسيره للمعجزة، «وإن كان بلمس جسده المقدس هو يعطى الحياة للجسد الذي مات، فكيف لا ننتفع

7 Ibid., 119.

نحن بغنى أكثر بالبركة المعطية للحياة حينما نذوقها نحن أيضاً؟»[٨]

لذلك إعترف ثم تقدم للتناول وجسد الرب سيعطيك نصرةً على الخطية. ويعطيك كما قال الرب «مَنْ يَأْكُلْ جَسَدِي وَيَشْرَبْ دَمِي يَثْبُتْ فِيَّ وَأَنَا فِيهِ» (يوحنا ٦:٥٦). ستسري قوة حياة المسيح فيك، فتشعر بالسلام والفرح.

سؤال: أنا فاتر روحيا، هل أتقدم للتناول ام لا؟

القديس كيرلس الكبير يجيب على هذا السؤال في تفسيره للآية «مَنْ يَأْكُلْ جَسَدِي وَيَشْرَبْ دَمِي يَثْبُتْ فِيَّ وَأَنَا فِيهِ» (يوحنا ٦:٥٦). يقول: «المياه بطبيعتها باردة، ولكن عندما تُسكب في إناء وتُوضع على النار فإنها تترك طبيعتها الباردة وتكتسب حرارة النار. بالمثل، نحن رغم أننا فاسدون (مائتون) بسبب طبيعة الجسد، إلاّ أننا نفلت من ضعفنا ونتحول إلى الحياة بإختلاطنا بالحياة الحقيقية.»[٩]

دعني أشرح لك ما تعنيه الكلمات السابقة: طبيعتنا البشرية مثل الماء باردة،

8 Ibid., 116–117.

9 C. Dratsellas, *Questions of the Soteriological Teaching of the Greek Fathers with Special Reference to St. Cyril of Alexandria*. (Athens, 1969), 110–113.

ليس فيها قوة، ضعيفة، وملوثة وغير نقية، وفاترة روحياً. ولكن النار فيها قوة وطاقة وحرارة، وقادرة أن تعطي كل هذه. ماذا يحدث عندما تسخن الماء بالنار؟ يأخذ الماء حرارة وقوة تستطيع أن تقتل الميكروبات التي يحملها الماء. والنتيجة أن الماء يتنقى ويتطهر. وتذهب برودته ويصبح ساخناً.

التناول لطبيعتنا البشرية مثل النار بالنسبة للماء البارد. جسد ودم ربنا يسوع المسيح فيه قوة إلهية. وعندما نتناول تتحد قوة جسد ودم ربنا يسوع المسيح بطبيعتنا الضعيفة الملوثة بالخطية والفاترة روحياً. فيحدث لنا مثلما ما يحدث للماء عندما يتعرض للنار.

ففي التناول، تتحد طبيعتنا الضعيفة حاملة الخطايا بجسد الرب الإلهي فيعمل فيها عمل النار في الماء، فتتنقى من الخطايا وتسري فيها الحرارة الروحية. وتصبح متحدة بالمسيح، مثل إتحاد الحرارة بالماء، فتتغير طبيعتنا وتصبح طاردة للخطية ولكل ما لا يرضي الله. وتستعيد طبيعتنا البشرية حرارتها الروحية. وكلما إزداد تناولنا بخشوع كلما إستمرت هذه القوة الروحية الطاردة للخطية في أجسادنا. وكلما تناولنا من الأسرار كلما ثبتنا في

المسيح وهو ثبت فينا (يوحنا ٦:٥٦).

الحقيقة، مساكين هُمْ الناس الذين يحرمون أنفسهم من التناول. الشيطان يضع أمامهم العقبات التي يظنوا أنها تمنعهم من التناول. ولكن لا يجب أن نحرم أنفسنا من التناول إلا بعد أخذ مشورة أب الإعتراف. ومساكين أتباع بعض الطوائف التي لا تعرف التناول أو لا تعترف أن التناول فيه جسد الرب ودمه كما أكد الرب ذلك عندما قال «لأَنَّ جَسَدِي مَأْكَلٌ حَقٌ وَدَمِي مَشْرَبٌ حَقٌ» (يوحنا ٦:٥٥). الترجمة الإنجليزية لهذه الآية تعطي إيضاحاً أكثر لهذه الحقيقة:

"For My flesh is food indeed, and My blood is drink indeed."

ونتيجة لهذا الفهم العميق عاشت الكنيسة تقيم القداس كل يوم أحد منذ أيام الرسل. وكانوا يسمونه سر الشكر، الإفخارستيا. ولذلك نقرأ الإستنتاج الرائع الذي كتبه الشهيد فيلكس في القرن الثالث: «المسيحيون يقيمون الإفخارستيا، والإفخارستيا تقيم المسيحيين.»[١٠]

10 A. Hamman, *The Mass: Ancient Liturgies and Patristic Texts*. (Staten Island, NY: Alba House, 1967), 16.

ومعنى هذه العبارة أنه على الرغم من أن المسيحيين هم الذين يقيمون صلاة القداس (الإفخارستيا) ، لكن الحقيقة أن الإفخارستيا هي التي تجعلهم مسيحيين حقيقيين، حاملين المسيح داخلهم، وثابتين فيه، فرحين بالرب، صائرين نوراً للعالم وملحاً للأرض.

ماذا تقول قبل التقدم للتناول المقدس؟

ماذا يمكنني أن أقول، لأنني حائر؟ أنني أشتاق للتناول المقدس لأتحد مع إلهي ومخلصي ومع حبيبي، لأنني أحبه كثيراً. فهو حياتي، وخلاصي، ورجائي. ومع ذلك، أنا لا أستحق بسبب خطاياي. ماذا يمكنني أن أفعل؟ لكن كلمات الرب يسوع تحمل لى الحل المثالي الذي يريحني:

> أَخَذَ يَسُوعُ الْخُبْزَ، وَبَارَكَ وَكَسَّرَ وَأَعْطَى التَّلاَمِيذَ وَقَالَ:«خُذُوا كُلُوا. هذَا هُوَ جَسَدِي». وَأَخَذَ الْكَأْسَ وَشَكَرَ وَأَعْطَاهُمْ قَائِلاً:«اشْرَبُوا مِنْهَا كُلُّكُمْ، لأَنَّ هذَا هُوَ دَمِي الَّذِي لِلْعَهْدِ الْجَدِيدِ الَّذِي يُسْفَكُ مِنْ أَجْلِ كَثِيرِينَ لِمَغْفِرَةِ الْخَطَايَا (متى ٢٦: ٢٦- ٢٨)

في عبارة أخرى، سيدي وإلهي الحبيب يقول لي: خذوا، كلوا، وأشربوا. يا لها من دعوة رائعة تأتينى من سيدي لخاطئ مثلي. ثم يستمر في قوله إنه «لمغفرة الخطايا.» لذلك، هذه الكلمات تكشف لي أن سيدي الحبيب يقول لي: أنا أعلم أنك خاطئ، ولكن، هيا، خذ، كُل، أشرب. لأنٍ دمي لن يغفر خطاياك فقط، بل يمحوها تماماً، يطهرك وينقيك، يريحك من أحمال خطاياك، يملأ قلبك بالفرح والسلام.

هل ترى كم حلو هو سيدي! كثير من القديسين كانوا أحياناً يبكون ليس بسبب الخوف من عقاب الله، لكن من فرط حنان وحب ورحمة الله. لأنها تؤثر فيهم. بينما أنا أنساه وأرتكب الخطيئة، هو يحبني ويقدم لي العلاج، ويقدم لى كل الحب والحنان والعطف. إنى لم أشاهد مثل هذا الحب العجيب!

اللحظة المجيدة لنأخذ التناول المقدس

في الكنيسة الأرثوذكسية، نحن نؤمن أننا نأخذ في التناول المقدس جسد ودم الرب يسوع. وليست هذه العقيدة من تأليف البشر، ولكن المسيح نفسه أسسها، إستمع إلى ما يقوله:

لأَنَّ جَسَدِي مَأْكَلٌ حَق وَدَمِي مَشْرَبٌ حَق.
مَنْ يَأْكُلْ جَسَدِي وَيَشْرَبْ دَمِي يَثْبُتْ فِيَّ
وَأَنَا فِيهِ (يوحنا ٦: ٥٥-٥٦)

لذلك عندما أسير نحو أسراره، فأنا أمتلئ بالبهجة لأني سأمكث معه. أنه سيسكن فيَّ. سوف يختلط دمه مع دمي ليعطيني الحياة، والحياة الأبدية.

إِنْ لَمْ تَأْكُلُوا جَسَدَ ابْنِ الإِنْسَانِ وَتَشْرَبُوا دَمَهُ، فَلَيْسَ لَكُمْ حَيَاةٌ فِيكُمْ. مَنْ يَأْكُلُ جَسَدِي وَيَشْرَبُ دَمِي فَلَهُ حَيَاةٌ أَبَدِيَّةٌ، وَأَنَا أُقِيمُهُ فِي الْيَوْمِ الأَخِيرِ (يوحنا ٦: ٥٣-٥٤)

يا فرحنا لمعرفة هذه الحقائق، لكن الفرح الحقيقي يتم عندما نأخذ من الأسرار، جسد ودم يسوع المسيح. ولكن مع كل الفرح المرافق لأخذ الأسرار هناك شعور الرهبة، شعور بعدم الإستحقاق، نصلي طالبين الغفران.

ماذا أقول قبل التقدم للتناول المقدس؟ سأقول:

«أنا خاطئ، ولكن الغفران في أسرارك. لذا جئت إليك. أنا غير طاهر بسبب خطاياي، لكن أسرارك سوف تغسلني من الداخل والخارج.

لـذا جئت إلى أسـرارك. بينمـا أنـا لا أسـتحقك ولا أستحق أسرارك، ولكن أتي كشخص مريض لأخـذ منـك الأدويـة السـماوية، أسـرارك. كشخص ميـت روحيـاً بسـبب خطايـاي أنـا أتي إليـك لأحيـا. أنـا أقتـرب كشخص عطشـان لنعمتـك لأن أسـرارك تـروي روحي. أتي كشخص ضعيـف روحيـاً أمـام هجمـات الخطيئـة والشـيطان. أتي إلى أسـرارك لأخـذ مصدر القـوة، أسـرارك. »

هنـاك عـدد قليـل مـن الصلـوات المذكـورة في كتـاب الأجبيـة (كتـاب السـبع صلـوات) أو غيرهـا مـن الكتـب، بهـا صلـوات تقـال قبـل التقدم للتناول وبعـده.

الآن أخذت بذرة الخلود في التناول

قال القديس كيرلس الكبير:

«منـذ بدايـة العالـم سـاد المـوت على الذيـن كانـوا يعيشـون على الأرض إلى أن جاء وقت المائـدة (مائـدة التنـاول)... تلـك المائـدة التـى فى المسـيح، وهـي مائـدة سـرية، التـى منهـا نـأكل الخبـز الـذي مـن السـماء، الخبـز المعطـى الحيـاة، الـذي بـه تحطـم المـوت الـذي كان منـذ القديـم مخيفـاً

وقوياً جداً... إن المسيح طرد الموت الذي سكن في جسد الإنسان وأزاحه. المسيح خبئ الحياة في المؤمنين من خلال جسده الخاص. المسيح أدخل بجسده الحياة داخل المؤمنين كبذرة خلود.»[11]

أعتقد، أنك الآن مستعد للرحلة إلى السماء. أنك لا ترغب فقط القيام بها، ولكنك أيضاً متعطش في أعماق روحك للروحانية التي سوف تتذوقها في صلاة القداس الإلهي... الرحلة رائعة، والمكافأة كبيرة جداً.

والمسيح بنفسه يدعوك لهذه الرحلة. والفصل القادم سوف يجيب على المزيد من الأسئلة التي مازالت تجول بخاطرك. وسوف يكشف لك المزيد من كنوز النعمة المخبأة في القداس الإلهي.

✠✠✠

مثلث الرحمات نيافة الأنبا مينا أسقف دير مارمينا بمريوط، كما رأيته، كان يصلى القداس الإلهى كل يوم. وكان إستعداده للقداس يبدأ بتسبحة العشية في اليوم السابق للقداس. وبعدها يصلي رفع بخور العشية. ثم يبدأ في صلواته الخاصة الحارة حوالي التاسعة مساء ويعقبها التسبحة التي

---

11 N. Russel, *Cyril of Alexandria*. (New York, NY: Routledge, 2000), 110.

ينتهـي منهـا حوالـي السـابعة صباحـاً. ويجلـس
علـى الأرض واضعـاً رأسـه بين ركبتيـه وينـام حوالي
ربـع سـاعة. بعـد ذلـك يتمـم صلاة رفـع بخـور
باكر. ثم القداس الإلهـي. وكان كثيـر البكـاء
في القداسـات. كان

يبكـي كثيـراً عندمـا
يقـول   «إرحمنـا...
إرحمنـا... إرحمنـا.»
وكانـت   قداسـاته
روحانيـة تنقـل قلـب
الإنسـان   وفكـره
للسـماء. وفـي نهايـة
القداس كنـت تـرى
وجهـه الأسـمر يشـع
نـوراً سـاطعاً.

الفصل الخامس

الفهم سوف يساعد

عـدم فهمـي لطقـوس القـداس والصلـوات يشـتت ذهنـى، ويأخـذني بعيـداً عـن حديثـي مـع يسـوع، فماذا أفعـل؟

كشـاب، لم أكن متعلقاً بكرة القدم، في الواقع لم أحبهـا، وكنت دائمـاً أتسـاءل لماذا النـاس متشـوقة للغايـة لمشـاهدتها. حتـى كنت في زيـارة لصديـق لـي. وكان يشـاهد مبـاراة لكـرة القـدم. ولأنني كنت في حاجـة إلى الحديـث معـه، اضطـررت إلى البقـاء هنـاك.

كان صديقـي يتابـع المبـاراة ليـس بعينيـه فقـط، ولكـن كان جسـده يتحـرك مـع تحـركات اللاعبيـن، وكلمـا اقتربـوا مـن المرمـى، كان صديقـي أكثـر إنفعـالاً. كان يتـرك مقعـده ويقـف ويقتـرب مـن التليفزيـون، وكان يصفـق بيديـه. وعندمـا ابتعـد اللاعبـون عـن المرمـى، لـوح بيديـه

في الهواء كما لو كان يلاكم شخصاً ما.

شاهدت كل هذا بينما كنت أتساءل لماذا طغت المباراة على صديقي بهذا الشكل. وبينما كنت مستغرقاً في أفكاري، صرخ صديقي بصوت عال، وبدأ يقفز في كل مكان صارخاً: هدف ... هدف ... هدف.

وبعد أن هدأت نفسه خلال الإستراحة، سألته عن صراخه المفاجئ. فأحضر قطعة من الورق وبدأ في شرح لعبة كرة القدم. وكمعلم ماهر، أوضح الخطة التي يحاول كل فريق أن يطبقها كي يفوز، وكيف يتم التنسيق بين المهاجمين والمدافعين مع بعضهم البعض للوصول إلى هدفهم، وكيف يمكن بذكاء أن يتخطى فريق خطوط دفاع الفريق الآخر. والغريب أنه عند العودة لمشاهدة المباراة بعد الإستراحة، وجدت نفسي منجذباً للتليفزيون عندما إقترب فريق من المرمى ليسجل هدفاً.

ما حدث لي يكشف سراً واحداً عن طبيعتنا البشرية، وهو أنه كلما فهمنا شيئا جيداً، كلما نشارك فيه ونتحمس له أكثر. قبل أن نفهم، تبدو الأمور صعبة ومعظمها غير مقبول. ولكن بعد أن نفهمها نتقبلها

وتتغيـر نظرتنـا لهـا.

فعنـد دخـول الكنيســة الأرثوذكسـية لأول مـرة، يمكنـك مشاهـدة العديـد مـن الطقـوس، وتبـدأ فـي التسـاؤل، لماذا الكاهـن يفعـل هـذا، ولماذا الشمامسـة يقومـون بذلـك؟ كل هـذا يبـدو لـك مثـل الأوبـرا التـي يتحدثـون فيهـا باللاتينيـة، وأنـت لا تعـرف اللغـة اللاتينيـة!

وفـي الكنيسـة، سـوف تـرى طقوسـاً خاصـة لـكل مناسـبة ولـكل حـدث تقريبـاً. وليـس خلال القـداس الإلهـي فقـط، ولكـن أيضـاً فـي غيـره مـن الصلـوات. والسـبب وراء إسـتخدام هـذه الطقـوس فـي الكنيسـة هـو لأنهـا مليئـة بالرمـوز الروحيـة. وسـتجد الرمـوز كذلـك فـي مبنـى الكنيسـة وفـى بعـض الأيقونـات أيضـاً.

ولكن لماذا تستخدم الكنيسة الكثير من الطقوس والرموز؟

الإجابـة بسـيطة جـداً. لـو كان الإنسـان مكـون مـن عقـل فقـط، لكانـت الكنيسـة تخاطـب عقـل الإنسـان فقـط، كمـا يحـدث فـي معظـم الكنائـس البروتسـتانتية فعبادتهـم تحتـوي فقـط علـى القـراءة والعظـات. ولكـن الإنسـان ليـس عقـلاً فقـط، ولكـن

أيضاً لديه الحواس التي ترى، وتسمع، وتشم، وتلمس، وتتذوق. وفيه النفس والروح، ولكل منهما عالمه الخاص به. لذلك يجب على الكنيسة أن تخاطب جميع الحواس، والنفس، والروح، بالإضافة إلى العقل. وبعبارة أخرى، الكنيسة تحتاج لمدخل شامل لتتحدث إلى الشخص كله وليس مجرد عقله. ولعلك تتذكر حديثنا عن كيف يتأثر الإنسان بترنيمة عن طريق السمع، ومنها تدخل إلى النفس، ثم إلى الروح. لقد بدأ العالم مؤخراً في الإلتفات إلى المدخل الشامل للبشرية للإستفادة منه، بينما الكنيسة الأرثوذكسية تبعته منذ نشأتها في وقت مبكّر.

في الواقع أن الله هو الذي كشف للبشرية هذا المدخل الشامل في العبادة منذ القديم. وهو الذي كشف لموسى النبي كل تفاصيل العبادة. فعند قراءة سفر اللاويين في العهد القديم سوف ترى الطقوس الخاصة لكل حدث ولكل غرض. وسوف ترى الرموز الكثيرة. وبدون الدخول في التفاصيل، كانت هذه الطقوس، وهذه الرموز تتحدث إلى العقل، وتمس الحواس، وبالتالي كان لها تأثيرها الخاص على النفس والروح.

لذلك، يمكن للقرّاء الاستنتاج من القراءة عن العبادة في العهد القديم أن الله كشف

فيها عن جوانب المدخل الشامل ليلمس عقل الإنسان، والحواس، والقلب، والنفس، والروح، من خلال فعالية إستخدام الرموز في كل جانب من جوانب العبادة ومبنى العبادة، بيت الرب.

رؤيا أشعياء النبي

رؤيا أشعياء النبي تقدم لنا مثالاً واضحاً عن تأثر العقل وكل الحواس بما تراه وتسمعه وتشمه وتلمسه وتذوقه، ثم ينتقل هذا التأثر إلى النفس، ثم إلى الروح. فماذا حدث لأشعياء؟

> فِي سَنَةِ وَفَاةِ عُزِّيَّا الملك، رَأَيْتُ السيد جَالِساً عَلَى كُرْسِيٍّ عَالٍ وَمُرْتَفِعٍ، وَأَذْيَالُهُ تَمْلأُ الهيكل. ٱلسَّرَافِيمُ وَاقِفُونَ فَوْقَهُ، لِكُلِّ وَاحِدٍ سِتَّةُ أَجْنِحَةٍ، بإثنين يُغَطِّي وَجْهَهُ، وبأثنين يُغَطِّي رِجْلَيْهِ، وباثنين يَطِيرُ. وَهَذَا نَادَى ذَاكَ وَقَالَ: «قُدُّوسٌ، قُدُّوسٌ، قُدُّوسٌ رَبُّ الجنود. مَجْدُهُ مِلْءُ كُلِّ الأرض». فاهتزت أَسَاسَاتُ العتب مِنْ صَوْتِ الصارخ، وامتلأ البيت دُخَانً فَقُلْتُ: «وَيْلٌ لِي! إِنِّي هَلَكْتُ، لِأَنِّي إِنْسَانٌ نَجِسُ الشفتين، وَأَنَا سَاكِنٌ بَيْنَ شَعْبٍ نَجِسِ الشفتين، لِأَنَّ عَيْنَيَّ قَدْ رَأَتَا الملك رَبَّ الجنود». فَطَارَ إِلَيَّ وَاحِدٌ مِنَ ٱلسَّرَافِيمِ وَبِيَدِهِ جَمْرَةٌ قَدْ

أَخَذَهَا بِمِلْقَطٍ مِنْ عَلَى المذبح، وَمَسَّ بِهَا فَمِي وَقَالَ: «إِنَّ هَذِهِ قَدْ مَسَّتْ شَفَتَيْكَ، فأنتزع إِثْمُكَ، وَكُفِّرَ عَنْ خَطِيَّتِكَ» (٦: ١-٧)

لاحظ أن الرؤيا قد أثرت في كل حواس أشعياء: البصر، السمع، اللمس، الشم، التذوق. وقد تأثرت بها قلبه ومشاعره وروحه، بل وفكره وكل كيانه. وعندما يتم إستخدام وسيلة أو عدة وسائل تتعامل مع كل الحواس نطلق عليها إسم المدخل الشامل.

ولكن، كيف يساعد المدخل الشامل والرموز في الصلاة؟

أولاً: المدخل الشامل

عندما نقارن التعليم بإستخدام المحاضرات فقط مع التعليم الذي يستخدم الوسائل السمعية والبصرية، نجد أن الثاني هو أكثر جاذبية، وهو يحصل على نتائج تعليمية أعلى. والسبب هو أنه عند إستخدام الوسائل السمعية والبصرية، نعطي فرصة لحواس الجسم على المشاركة في عملية التعليم. والذي تراه العين يسهل إستيعابه. ومن ناحية أخرى، التعليم الذي

يستخدم الوسائل السمعية والمرئية يتحدث كذلك إلى العقل، ويمهد السبيل للخيال، ويتفاعل مع التصورات التي تترك تأثيراً أفضل بكثير على الشخص كله وليس على عقله فقط، فتساعده على فهم أعمق. وقد تظل الصور في ذاكرة الشخص لسنين طويلة. حتى في تدريس الفلسفة، وهي تخاطب العقل وترهقه بالأفكار الفلسفية العالية، وجدت أن إستخدام صوره أو رسم تقرب الحقائق وتساعد العقل على ربط الأفكار ببعضها وفهمها.

وإذا تركنا مجال التعليم وأردنا أن نعرف مدىٍ تأثير المدخل الشامل على الإنسان. فمثلاً، أستطيع أن أتحدث إليكم عن الصليب. فما تحصلون عليه سيكون مجرد أفكارى المحدودة التي نقلتها إليكم. ولكن لأقدمٍ لكم خدمة أفضل، يمكنني أن أعرض لكم فيلماً عن الصلب. بالتأكيد سوف تتأثرون أكثر. وربما تبكون عندما تشاهدوا قسوة التعذيب على الصليب. ملايين من الناس بكت عندما شاهدت فيلم ميل جيبسون "The Passion of Christ" «آلام المسيح.» هل رأيت الآن الفارق الكبير بين مجرد الحديث عن موضوع وبين الحديث المرتبط بالمدخل الشامل؟

وفي الكنيسة، العبادة تتحدث ليس فقط إلى العقل في القراءات والوعظ، ولكنها تدخل الى أعماق نفس الإنسان وروحه بالألحان والمردات، والرموز، والأيقونات، والطقوس، وحتى مبنى الكنيسة وأدواتها. فالكنيسة مليئة بالأيقونات والطقوس التي يراها الإنسان بعينيه وتملأ قلبه ونفسه خشوعاً.

ثانياً: الرموز

لقد كشف الله لنا أن الرموز هي أفضل مدخل للوصول الى أعماق الروحانيات، لذلك نحن بحاجة أن نستخدمها، وهذا ما تقوم به الكنيسة الأرثوذكسية حتى اليوم. فقد ترك لنا الآباء صلوات وطقوس مليئة بالرموز والتي تم وصولها لنا من خلال التسليم من جيل إلى جيل. ولكن البعض مازال يتساءل ويريد أن يعرف ما هو السر وراء إستخدام الرموز.

كل رمز في الكنيسة مثل زجاجة عطر، تنظر إليها تجدها مجرد زجاجة. ولكن عندما تقترب منها، وتعرف كيف تفتحها ستخرج منها رائحة جميلة، عبق جميل يملأ الأرجاء حوله، يشع راحة وإبتهاجاً. هكذا كل رمز في الكنيسة يظل بلا فائدة كبيرة حتى يفهم

الإنسان معناه. عند ذلك يصبح الرمز مصدر غنى يتنسم منه الإنسان عبيق الروحانية.

كمثال لذلك، عندما يقف شماسان كل منهما يحمل شمعة أثناء قراءة الإنجيل. الشمعة هي رمز. وتظل مجرد شمعة بلا معنى ولا تأثير حتى يعرف الإنسان أن الشمعة ترمز لحضور المسيح «نور العالم،» وإنها مضيئة لكي تنبهنا أن المسيح حاضر معنا، وكلمات الإنجيل هي كلماته، وأن له رسالة لكل منا. عندما أعرف هذه المعاني لهذه الشمعة، سيفرح قلبي بوجود المسيح، وسأفرح بكلمات الإنجيل وأشعر إنها رسالة مخلصي لي، لقد تحدث إليّ وسمعت صوته. هل أدركت الآن روحانية الرمز؟

الرموز لا تتحدث إلى العقل أو الحواس فقط، ولكن تدخل لأعمق الأعماق في نفوسنا وأرواحنا. على سبيل المثال، دعونا نختبر تأثير الصليب الذي نراه في الكنيسة الأرثوذكسية معلق في الكنيسة، إنه يتحدث إلى أعماق الناس.

واحد يرى في الصليب غفران الخطايا، ويبكي بسبب خطاياه، وآخر يفرح لأنه يرى في

الصليب إنتصاره على الخطيئة، وآخر يرى فيه محبة الله للإنسان ويتأثر بهذا الحب، وآخر يرى فيه جحود الإنسان مقابل حب الله، وآخر يتعجب من إتضاع الله.

وآخرون، كل يرى فيه معنى مختلف، ويتأثر بفكر مختلف. لذلك فالصليب هو كنز روحي. متى تأملنا فيه يرسل إشعاعات روحية يمكنها التغلغل إلى أعماق نفوسنا وقلوبنا. لقد وقف مهاتما غاندي الزعيم الهندي أمام الصليب وبكى. وتآثر به تأثراً كبيراً حتى أنه بنى عليه دعوته إلى السلام والمقاومة السلمية للإحتلال البريطاني في الهند. فهذا مثال يرينا مدى تأثير الصليب في النفس التي تتأمل فيه، حتى لو لم تكن مسيحية. فكم وكم يكون فعالية الصليب في أولاد وبنات المسيح.

كيف تساعد الطقوس وما بداخل الكنيسة في الصلاة؟

الكنيسة الأرثوذكسية ليس فيها فقط رموزاً، ولكن فيها كنوزاً روحية كثيرة. بعضها زجاجات عطر. وبعضها أنهار تحتاج لأن تشرب من روحانيتها، وترتوي. وبعضها سلالم تصعد عليها وتأخذك إلى السماء.

في كثيـر مـن الكنائـس لا تجـد الصليـب فقـط، ولكـن أيقونـات (صـور) تصـور مراحـل حيـاة المسـيح مـن ميـلاد، وعمـاد، ومعجـزات، وقيامـة، وصعـود. وكل منهـا هـو كنـز روحي لمـن يتأمـل فيـه. الحقيقـة أن أيقونـات الكنيسـة، هـي ممسـوحة بزيـت الميـرون. لذلـك فيهـا قـوة روحيـة لمـن يقتـرب منهـا ليـس فقـط بجسـده، لكـن بقلبـه وروحـه. فيهـا أنهـار ميـاه روحيـة. فقـط اسـأل نفسـك: لماذا فعـل المسـيح ذلـك الـذي فـي الأيقونـة مـن أجلـك؟

هل توجد معاني روحيه في مبنى الكنيسة؟

أعـود لأذكـرك بـأن هـذا الكتـاب هـو يسـاعدنا أن نكتشـف أن القداس الإلهي هـو رحلـة إلى السـماء، وأنـه يسـاعدنا فـي هذه الرحلـة. لذلـك مـا كتبتـه، بنعمـة اللـه، فـي هـذا الفصـل هـو كيـف أن كل مـا يوجـد فـي الكنيسـة يعدنـا لهـذه الرحلـة ويسـاعدنا فيهـا.

الكنيسة بيت الله

يعقـوب الشـاب الصغيـر خرج مـن بيـت أبيـه فـي رحلـة طويلـة بمفـرده. وأقبـل عليـه الليـل:

وَصَادَفَ مَكَاناً وَبَاتَ هُنَاكَ ... وَأَخَذَ مِنْ حِجَارَةِ الْمَكَانِ وَوَضَعَهُ تَحْتَ رَأْسِهِ فَاضْطَجَعَ فِي ذَلِكَ الْمَكَانِ. ورأى حُلْما وَاذَا سُلَّمٌ مَنْصُوبَةٌ عَلَى الأرض وَرَأْسُهَا يَمَسُّ السَّمَاءَ وَهُوَذَا مَلائِكَةُ اللهِ صَاعِدَةٌ وَنَازِلَةٌ عَلَيْهَا وَهُوَذَا الرَّبُّ وَاقِفٌ عَلَيْهَا... فَاسْتَيْقَظَ يَعْقُوبُ مِنْ نَوْمِهِ وَقَالَ: «حَقّاً إن الرَّبَّ فِي هَذَا الْمَكَانِ وَأَنَا لَمْ أعْلَمْ»! وَخَافَ وَقَالَ: «مَا أرْهَبَ هَذَا الْمَكَانَ! مَا هَذَا إلا بَيْتُ اللهِ وَهَذَا بَابُ السَّمَاءِ!»
(تكوين ٢٨: ١١-١٧)

كان هذا هو أول وصف لبيت الله، ونجد فيه: سلم يصل الأرض بالسماء؛ ملائكة الله صاعده ونازلة على السلم؛ الله واقف. فكان وصف يعقوب للمكان «مَا هَذَا إلا بَيْتُ اللهِ وَهَذَا بَابُ السَّمَاءِ!»

وهذا هو أدق وصف للكنيسة، فهي بيت الله. فأنت موجود فى بيت الله، وحولك ملائكة صاعدون حاملين صلواتنا وإشتياقاتنا، ونازلون بالبركات وإستجابة الصلوات والتضرعات. لذلك، فالكنيسة هي كذلك بيت الملائكة، كما نردد في التسبحة «سلام للكنيسة بيت الملائكة.» لذلك، فعندما تدخل الكنيسة، أنت

في حضرة السمائيين، ووجود الملائكة الروحانيين يجعل الكنيسة تشع بالروحانية.

وعندما تدخل الكنيسة ستجد هيكل الله ومذبح الله، حقا «مَا أَرْهَبَ هَذَا الْمَكَانَ!» ثم تجد خلف المذبح حائطاً مبنياً بطريقة عجيبة. وكأن الحائط نصف دائرة. تسميه الكنيسة «حضن الآب» ومرسوم على هذا الحائط أيقونة رب المجد جالس على العرش.

ماذا تريد الكنيسة أن تقول لنا؟ هذا الحائط المجوف يذكرنا بأن حضن المسيح مفتوح لنا، لنأتي ونرتمي فيه. ونجد ترحيباً بفرح، وغفراناً لخطايانا، وسلاماً، وراحة. في عبارة واحده سنجد كل احتياجاتنا. ما أجمل أنه كلما أدخل الكنيسة أعيش هذه المعاني، وأرتمي بقلبي في حضن أبي السماوي.

نحو فهم أعمق لطقوس الكنيسة

عندما كنت صغيراً لم أفهم معنى الطقوس في الكنيسة، ولم أحصل على أي فوائد روحية منها. لكن الحقيقة أن طقوس الكنيسة هي نبعٍ روحي تستطيع النفس أن تأخذ منه شبعاً روحياً. ولأن القداس الإلهي ليس فيه طقساً واحداً فقط،

بل هو ملئ بالطقوس وكل منها نبعاً روحياً، فالطقوس وحدها متى تلامس القلب مع روحانيتها هي كافية لأن ترفع القلب والنفس الى السماء وتجعلهما عند الرب.

وكمثال لذلك، بينما يقف الكاهن أمام المذبح مصلياً، لكن بالقرب من نهاية القداس عندما يقول «السلام لجميعكم» تجده إبتعد عن المذبح وأصبح المصلون يرون الصينية والكأس، فيهما جسد الرب ودمه. معنى هذا الطقس الذي تراه عيوننا وتتابعه أنه ليس الكاهن هو الذي يعطي السلام في هذا الوقت، بل المسيح الذي على المذبح، في الكأس والصينية. ما أحلى أن يرى الإنسان بعينيه هذا الطقس الروحاني، وينحني ليأخذ هذا السلام من الرب نفسه، ويشعر أنه أخذ سلاماً من المسيح ملك السلام، الذي قال «سَلاَماً أَتْرُكُ لَكُمْ. سَلاَمِي أُعْطِيكُمْ. لَيْسَ كَمَا يُعْطِي الْعَالَمُ أُعْطِيكُمْ أَنَا» (يوحنا ١٤:٢٧).

سأذكر لك مثالاً آخر. بعد صلاه الشكر يغطي الكاهن الصينية التي بها القربانة، والكأس، وجزء كبير من المذبح بستر كبير. ثم يضع لفافة أعلى الستر في منتصفه. كنت أرى هذا الطقس ولا أفكر أن له عمق روحي.

ولكن بعد أن قرأت، فهمت أن الستر هو إشارة للحجر الذي وضع على قبر المسيح، واللفافة تشير إلى الختم الذي كان على الحجر. وأن الذي يفعله الكاهن هو لنتذكر دفن المسيح. حتى قيل إن اللحن الذي يقال أثناء تغطية الكاهن القربانه والكأس بالستر، وهو لحن «سوتيس أمين» له نغمة حزينة لأنه يذكرنا بالمريمات الحزانى عند ذهابهن لزيارة قبر المسيح.

والآن كلما تأتي هذه اللحظات في القدِاس الإلهي أتذكر دفن مخلصي في القبر، وأجد نفسي طالباً منه أن يدفن خطاياي، وأعبر لَه عن إشتياقاتي أن يحررني من خطاياي. وكما قام هو من الأموات يقيمني من خطاياي بقوة قيامته. وبذلك تحول هذا الطقس الذي كان بالنسبة لي روتين تؤديه الكنيسة إلى وقت تقديم توبة ورفع إشتياقاتي لله.

يمكنك الآن أن ترى بوضوح أثر فهم معنى الطقوس المستخدمة في الكنيسة. أوصيك أن تبدأ في قراءة الكتب التي تفسر طقوس الكنيسة. ليس فقط لمجرد القراءة، ولكن عند حضورك القداس الإلهي تذكر هذه الطقوس ومعناها وتأمل في كل منها لأطول فترة ممكنة.

ألحان الكنيسة ومرداتها

الكنيسة القبطية الأرثوذكسية غنية بألحانها المتنوعة ومرداتها. فيها ألحان ومردات تناسب كل حالات القلب من فرح، أو حزن، أو رغبة في التوبة، أو ضيق، أو تعب، أو إحتياج. ونغماتها تساعد القلب كثيراً في أن يعبر عما بداخله، فتتدفق المشاعر دون حاجز فيستريح الإنسان.

والعجيب في ألحان ومردات القداس هي أنها نتيجة أن غالبية المصلين سمعوها كثيراً، وسمحوا لها أن تتلامس مع قلوبهم ومشاعرهم، فإجتازت من الجسد إلى النفس ومنها إلى الروح، فأصبحت هذه الألحان والمردات سلم روحاني جميل يصعد بالنفس رويداً رويداً نحو السماء. وأمامها تتساقط هموم الإنسان ومشاغله، بل وأوجاعه، وتنجذب النفس إنجذاباً نحو الله، فتنسكب النفس سكيباً، فتعبر عن أعمق إشتياقاتها نحو مخلصها وفاديها.

هل تريد دليلاً على ما وصفته لك. إصغ السمع لشعب الكنيسة يرددون لحن «إرحمنا.... إرحمنا... إرحمنا.... ياالله مخلصنا.» سيهتز قلبك، وستتحرك مشاعرك لأن الشعب لا يقول بلسانه، ولكن بكل المشاعر. ستشعر أن

القلوب هي التي تطلب بحرارة، وأنها لا تردد
كلاماً موجهاً لشخص مجهول، بل تقول وكأنها
ترى بعينيها المخلص واقفاً أمامها، وسترى
أن الكنيسة كلها وكأنها قد أصبحت قلباً
واحداً يرجو ويطلب الرحمة. صدقني لو أعمدة
الكنيسة تسمع لاهتزت. ولكنه مشهد تهتز له
السماء. حقاً يا له من مشهد عجيب، مشهد
الشعب القبطي يقولون لحن إرحمنا!

البخور

والكنيسة ليست فيها الألحان والمردات فقط،
ولكن فيها البخور الذي نشتمه. القمص ميخائيل
البحيري، الذي تنيح في سنة ١٩٢٢ وإعترفت
به الكنيسة قديساً في عام ١٩٦٣. مع أنه كان
ضريراً، كان يقول «عندما أشتم رائحة البخور
أشعر بتعزية كبيرة، فأرى ما لم تره عين، وأسمع
ما لم تسمعه أذن.» فالبخور له تأثيره الروحاني
على المصلين.

لذلك، فكل ما في الكنيسة من أيقونات
وطقوس ورموز، وحتى مبنى الكنيسة
ومحتوياته، والأدوات المستخدمة في الكنيسة
كلها سلالم روحيه تأخذ النفس وتصعد بها

درجة درجة نحو السماويات، وتقربها أكثر فأكثر نحو حضن المسيح، فتتذوق النفس ما لا تستطيع نفس الإنسان أن تعبر عنه. تلامس المسيح مع النفس هي لحظات من الأبدية، فيها تذوق لحلاوة حب المسيح وشخصه. حينما تقترب النفس للمسيح ستجد فيه كل ما تريد، والقلب يقول «وَمَعَكَ لاَ أُرِيدُ شَيْئًا فِي الأَرْضِ» (مزمور ٧٣: ٢٥).

إلى جانب ذلك، فالنعمة تساعد الإنسان عندما يفتح ذهنه وقلبه للتأمل في كل ما يحيط به من رموز وأيقونات وطقوس، وترفعه على أجنحتها الخفية، ومن بهاء جمالها يثبت العقل والفكر في تأملاته، ولا يشرد العقل. هكذا قالوا لنا من تذوقوا حلاوة التأمل.

والعجيب أن ما في الكنيسة من رموز وأيقونات وطقوس يمكنها أن تتلامس مع الناس دون النظر إلى مستواهم التعليمي أوالفكري أو الإجتماعي؛ إنها تتلامس مع الأطفال والكبار وغيرهم من جميع الأعمار بينهما. ليس كذلك فحسب، ولكنها تتحدث أيضاً إلى الناس في ظروفهم المختلفة. ومع أنها تحاول أن تتحدث إلى الكل، لكن البعض لا يستجيب، فيكون بعيداً عن الإرتواء والشبع الروحي، فيا للخسارة الكبيرة.

ماذا عن فهم صلوات القداس الإلهي؟

كلما فهمت معنى صلوات القداس الإلهي أكثر كلما أمكنك المشاركة الكاملة في الصلاة أكثر، وبالتالي سوف تحصل على المزيد من البركات. دعني أقدم لكم مثالاً، لو وضعت نظارة داكنة ومشيت في متجر سوف ترى الأشياء بصعوبة في المتجر، وحتى الذي تراه لن يكون واضحاً. ولكن عندما تخلع النظارة الداكنة، سوف تتمتع برؤية كل شيء في جماله الأصلي وبتفاصيل واضحة. نفس الشيء يحدث لنا قبل فهم القداس الإلهي فلدينا نظارة داكنة على أعيننا، وذلك يمنعنا من رؤية الجمال الكامل للصلاة ويعيقنا عن المشاركة الكاملة فيها. ولكن عندما نفهم معاني صلوات القداس، سوف ينفتح أمامنا باب نرى من خلاله عمق الصلوات.

القديس بولس الرسول يحثنا على فهم معنى الصلوات. لقد قال:

> فَمَا هُوَ إِذاً؟ أُصَلِّي بِالرُّوحِ، وَأُصَلِّي بِالذِّهْنِ أَيْضاً. أرَتِّلُ بِالرُّوحِ، وَأُرَتِّلُ بِالذِّهْنِ أَيْضاً. وَإِلاَّ فَإِنْ بَارَكْتَ بِالرُّوحِ، فَالَّذِي يُشْغِلُ مَكَانَ الْعَامِّيِّ، كَيْفَ يَقُولُ «آمِينَ» عِنْدَ شُكْرِكَ؟ لأَنَّهُ لاَ يَعْرِفُ مَاذَا تَقُولُ! فَإِنَّكَ

أَنْتَ تَشْكُرُ حَسَناً، وَلكِنَّ الآخَرَ لاَ يُبْنَى (١ كورنثوس ١٤: ١٥-١٧)

إذاً فهم الصلاة هي الخطوة الأولى التي ندرك فيها معنى كل صلاة، لكي أصلي بالذهن. والخطوة الثانية هي التأمل في المعنى، لكي أصل إلى الترتيل بالروح. والخطوة الثالثة هي ربط المعاني بالحياة الشخصية. في عبارة أخرى، تطبيق المعنى على حياتي الروحية. والخطوة الرابعة هي إستخدام هذا المعنى في حديثي مع الله خلال القداس الإلهي.

مثال من صلوات القداس:

يقول الكاهن «هذا الذي أحب خاصته الذين في العالم. وسلّم ذاته فداء عنا إلى الموت الذي تملك علينا.»

الخطوة الأولى هي فهم أن هذه الصلاة تتحدث عن حب المسيح لخاصته، أحبائه الذين في العالم وموته بدلا عن العالم كله لكي تكون لهم حياة بدلاً من الموت.

والخطوة الثانية هي التأمل في المعنى فأدرك مقدار عظمة ما تم، وكم هو ثمين هذا الفداء، وكم هو مقدار حب الله للبشر الذى

جعله يموت أبشع ميتة لكى يخلص البشر.

والخطوة الثالثة هي أن أقول إن الله أحبني أنا ومات من أجلي. فقد كانت العبارة التالية هي أنشودة بولس الرسول المحبوبة إلى نفسه «الَّذِي أَحَبَّنِي وَأَسْلَمَ نَفْسَهُ لأَجْلِي» (غلاطية ٢: ٢٠).

والخطوة الرابعة هي إستخدام هذا المعنى في حديثي مع الله خلال القداس الإلهي. فأتكلم مع مخلصى الصالح عن موته من أجلي وفدائه لي وإحتماله كل أهوال عذاب الصلب من أجلي. فأقدم له شكري. وأتساءل عما فعلت من أجله. هذا يذكرني بكلمات الترنيمة الجميلة:

دمي الثمينَ قدْ أرقتُ من أجلك
فدى لكي تنجو من صولة المهلكْ
فأنت ماذا يا ترى فعلتَ من أجلي

تركت عرشي المجيد في السماء
وجلتُ في الدنيا احتمل العناء
وأنتَ ماذا يا ترى تركتَ من أجلي

قد ذقت في صلبي مرارة العذابْ
طوعاً لكي تنجو أنتَ من العقاب
وأنتَ ماذا يا ترى قاسيتُ من أجلي

أنا أتيتُ بالْغفرانِ والنجاةْ
وقد وهبتكَ الخلود في الحياةْ
وأنت ماذا يا ترى وهبتَ من أجلي

ياليت تبحث عن هذه الترنيمة على الأنترنت. فبالإضافة الى كلماتها التي تتلامسٍ مع النفس، فإن لها نغمة تجذب القلب جذباً للحديث مع المخلص.

وبينما نحن نواصل فهم الصلاة، سوفٍ نواصل إستكشاف عمق الصلاة، وشيئاً فشيئاً فإن مشاركتنا في الصلاة سوف تزداد عمقاً، وحديثنا مع الله طوال القداس سيكون رباطاً قوياً يجذب قلوبنا نحو الثالوث القدوس.

الخاتمة

> «بعد عمل المسيح الخلاصي لا يقال
> للإنسان أنت تراب وإلى التراب تعود،
> مثلما قيل لآدم (تكوين ٣:١٩)، بل أنت
> سماء وإلى السماء تعود.»
> العلامة أوريجانوس

لقد رأيت كيف بينما نحن على الأرض يمكن أن
يأخذنا القداس الإلهي خارج الزمان والمكان إلى
السماء، ليروي أرواحنا من ينبوع الحياة، ويدعنا
نعيش في بيتنا الحبيب في السماء لنتذوق
الفرح السماوي الذي لا يوصف. ثم في نهاية
الرحلة الممجدة، نفتح أفواهنا لنتلقى سر الأسرار،
مصدر الحياة الأبدية، جسده ودمه، ومعه تأتي
جميع مصادر الفرح والشبع الروحي. وبعدها نترك
الكنيسة كأولاد الله حاملين المسيح داخلنا، وعلى
إستعداد لمواجهة العالم والخطيئة والشيطان. تذكر
ليس الجميع يصلون إلى هذا الفرح في المرات

الأولى من تطبيق ما ذكرته من تداريب. الله يريد أن يرى جهادك ومثابرتك. فلا يدخلك اليأس. ولعل من أكثر الأسباب لعدم التمتع بهذا الفرح هو وجود عداوة أو خصام في قلبك أو لأنك تنتقد الناس وتدينهم بدلاً من التركيز على نمو حياتك الروحية.

البعض منا بعد أن يكونوا قد ذاقوا ما قد ذاقوه من روحانيات مشبعة قرروا ألا يرجعوا مرة أخرى إلى حياة الخطيئة، وسوف يستمرون في أخذ المزيد والمزيد من السماء، وإثراء حياتهم من «غِنَى الْمَسِيحِ الَّذِي لاَ يُسْتَقْصَى» (أفسس ٣:٨). فيسيرون من مجد إلى مجد. هؤلاء سيرفضون بشدة عروض الشيطان ويمنعون أنفسهم من أي أفعال خاطئة. سيبحثون عن مصادر أخرى تثري حياتهم الروحية كل يوم. وفي بحثهم سوف يجدون صلوات المزامير والنعمة الخفية في كلام الله في الكتاب المقدس.

ولكن من المؤسف أن أقول إن البعض الآخر قد يفقد تدريجياً ما أخذه خلال القداس الإلهي إما عن طريق خداع الشيطان، أو عن طريق إغراء الخطيئة، أو نتيجة تجاهل الصلوات اليومية والقراءة في الكتاب المقدس.

لذلك، صوت الرب يقول «تَمَسَّكْ بِمَا عِنْدَكَ» (رؤيا ٣: ١١). كن يقظاً لئلا بعد ما أخذت غنى المسيح تفقده، وبعدما ذقت حلاوة السماء تتنازل عن حلاوتها التي لن تجد لها مثيلاً على الأرض. بل بالأحرى حافظ أن تعيش مع الله على أساس يومي، رافضاً كل عروض الشيطان وكل إغراءات الخطيئة. ضع في قلبك أنك خليقة جديدة. كما يعلمنا الكتاب «إِذًا إِنْ كَانَ أَحَدٌ فِي الْمَسِيحِ فَهُوَ خَلِيقَةٌ جَدِيدَةٌ: اَلأَشْيَاءُ الْعَتِيقَةُ قَدْ مَضَتْ، هُوَذَا الْكُلُّ قَدْ صَارَ جَدِيدًا» (٢ كورنثوس ٥: ١٧). عش فقط من أجل المسيح، الذي هو أعز حبيب، والمصدر اليومي للفرح. والذي فيه كل احتياجاتك. عش حسب وصاياه مهما بدت مكلفة بالنسبة لك.

لقد تذوقت السماء، لذلك لا تقبل أي شيء آخر يمكن أن يفقدك نصيبك في الأبدية في السماء. لقد دعيت لميراث كامل في السماء. لماذا تقبل أي شيء يمكن أن يسرق منك هذا الميراث الأبدي؟ تحتاج إلى الجهاد، ولكن نعمة الله سوف تساعدك.

ومع ذلك، إذا كنت واحداً من أولاد الله الذين ذاقوا حلاوة المسيح وتمتعوا بجمال العشرة معه، ولكن لسبب أو لآخر قد عادوا مرة أخرى

لحياة الخطيئة، أو نسوا خلاصهم وتركوا شبعهم الروحي في المسيح، هناك رجاء بالنسبة لك أيضاً.

ارجع إلى أبيك الحبيب الذي ينتظر عودتك. أنظر لنفسك كأنك ابن ضال آخر. هل أنت تعرف قصة الإبن الضال؟ إذا كنت قد نسيتها اقرأها مرة أخرى في لوقا ١٥. وأنت سترى ماذا فعل الأب مع الإبن الضال. كيف جرى نحوه وأخذه في حضنه! لقد أقام وليمة كبيرة. لم يعاتبه! لم يعاقبه! أنت هذا الإبن. لذلك، عجل بالرجوع قبل فوات الأوان.

إنهض الآن، وحدث الله عن إشتياقات قلبك للرجوعِ إليه مرة أخرى. باب التوبة والرجوع مفتوحاً الآن، فأسرع.لا تتأخر. وعلى الباب ستجد أبوك السماوي الذي هو في إشتياق لعودتك.